Die Burgen des deutschen Ritterordens

Bilder von Wolfgang Korall
Texte von Gunnar Strunz

Weltbild

Erste Seite:
Reich an Kunstwerken ist die Bischofskirche von Frauenburg (Frombork), die glücklicherweise den Krieg unzerstört und ungeplündert überstand. Die Madonnenfigur des alten Hochaltars von 1504 gilt als schönste Marienplastik im Ermland. Die Muttergottes steht auf einer Mondsichel und zertritt dabei einer den Teufel symbolisierenden Schlange den Kopf.

Seite 2/3:
Die Bischofsburg von Heilsberg (Lidzbark Warmiński) ist nach der Marienburg der besterhaltene Bau im Ordensland. Das markante Bauwerk mit seinen vier charakteristischen Ecktürmen wurde in seiner heutigen Form im Jahr 1400 vollendet. Nikolaus Kopernikus hielt sich hier oft bei seinem Onkel, dem Bischof Lukas Watzenrode, auf.

Seite 4/5:
Abenddämmerung an der Marienburg. Im Hintergrund das 1929 erbaute Neue Rathaus der Stadt Marienburg. Ganz bewusst hat man sich dabei an den Stil der Ordensarchitektur angelehnt.

Inhalt

Seite 8/9:
Die weltverlorenen Reste der Burg Balga (Wesjoloje). Sie begann schon Mitte des 16. Jahrhunderts zu zerfallen. König Friedrich Wilhelm I. ließ die Ziegel 1702 zum Bau der nahen Festung Pillau abtragen. Im behelfsmäßig gesicherten Burgturm befand sich 1931 bis 1945 ein Museum. Doch im Januar 1945 wurden auch die Reste der Burg weitgehend vernichtet.

Die Geschichte des Deutschen Ritterordens

Am Anfang standen die Kreuzzüge – jene von der Kirche im Mittelalter propagierten und unterstützten Kriege gegen die „Ungläubigen“. Dabei stand die Rückeroberung der zu Beginn des 12. Jahrhunderts an den Islam gefallenen heiligen christlichen Stätten Palästinas im Mittelpunkt. Im Rahmen dieser ganz Europa erfassenden „Kreuzzugsbewegung“ erfolgte die Gründung von Ritterorden, die, etwas ganz Neues, dem Mönchtum verpflichtet waren. Der Deutsche Ritterorden war neben den Templern und den Johannitern (Malteser) der dritte dreier großer Orden und entstand 1190 als deutsche Hospitalgenossenschaft, die während der Belagerung Akkons zur Pflege Kranker und Verwundeter gegründet wurde. Diese wurde 1198 in den Rang eines geistlichen Ritterordens erhoben. Die Hospitalgenossenschaft führte ursprünglich die Tradition eines schon 1118 von Deutschen in Jerusalem gegründeten Marienhospitals weiter. Daraus leitete sich dann der offizielle Name ab: „Brüder vom Deutschen Haus St. Mariens in Jerusalem“ – kurz „Deutscher Ritterorden“. Die Tracht des Ordens war ein weißer Mantel mit einem schwarzen Kreuz darauf.

Das schwarze Kreuz auf weißem Mantel als Zeichen des Deutschen Ordens: Im Codex Manesse – der berühmten, in der ersten Hälfte des 14. Jahrhunderts entstandenen Liederhandschrift – wird der Minnesänger Tannhäuser als Deutschordensritter dargestellt.

Von den drei Orden war der Deutsche Ritterorden der jüngste, der ärmste und kleinste. Er verstand sich als Elite der Besten und Tapfersten. Die Ordensbrüder lebten unter strengen Vorschriften – den Gelübden von Armut, Keuschheit und Gehorsam verpflichtet. Doch unterschied sie von einem normalen Mönchsorden die Pflicht zum Kampf. Während es dort „Bete und arbeite“ hieß, lautete es bei den Ritterorden „Bete, arbeite und streite“. Bete zu Gott, arbeite für die Menschen und streite für den Glauben! Zunächst war der Orden militärisch und politisch unbedeutend, da er sich auf Karitatives beschränkte. Trotzdem war schnell sein Ruf als der einer Gemeinschaft tapferer und treuer Ritter gewachsen, da er bereits Pilgerzüge schützen musste und Angriffe der Sarazenen abzuwehren hatte.

Um 1000 erstreckte sich das Heilige Römische Reich bis zur Oder. Böhmen und Polen waren christianisiert. Polen unter seinem ersten großen Herrscher Boleslav Chrobry (regierte 992–1025) verstand sich als Vorkämpfer des Christentums und erhob Anspruch auf die Ostseeküste, soweit dort nichtchristliche Völker lebten, die es zu missionieren galt. Die römische Kirche reichte also inzwischen bis zur Weichsel. Zur gleichen Zeit gelang es der oströmischen „griechischen" Kirche, das nördliche Ostseegebiet zu missionieren. Doch war ein „heidnischer" Streifen zwischen diesen beiden großen Sphären noch vorhanden. Hier lebten die Liven, Letten, Litauer und insbesondere die Pruzzen, ein Volk, über das man selbst heute nur wenig weiß.

Das Volk der Pruzzen

Der spanische Jude Ibrahim ibn Jaqub bereiste um 960 den Osten und berichtete von den östlichen Nachbarn der Slawen, dem Volk der „Brus". Er beschrieb die Pruzzen als groß und blond. Ein Mann durfte bis zu drei Frauen haben. Die Kleidung war recht schlicht. Ein enger Rock aus Leinwand wurde von einem Gürtel gehalten und reichte bis zum Knie. Unter dem Rock trug man eine weite Hose, an den Füßen Ledersandalen. Gemeinsam mit den Kuren, Letten und Litauern gehörten die Pruzzen zur ostbaltischen Völkergruppe, deutlich von den Slawen zu unterscheiden. Einen einheitlichen pruzzischen Staat gab es nicht, nur verschiedene Stammesgebiete: Pomesanien, Pogesanien, Ermland, Barten, Sassen, Natangen, Galindien, Samland, Nadrauen, Kulmerland, Schalauen und Sudauen. Im Glauben der Pruzzen gab es drei oberste Götter. Der Donnergott Perkunos war König der Götter. Der jugendliche Potrimpos war Gott des Lebens und der Fruchtbarkeit, geschmückt mit einem Erntekranz. Der bleiche Pikollos war Todesgott, ein dürrer Greis, zugleich die pruzzische Spielart des Teufels. Das zentrale Heiligtum hieß Romowe, doch konnte bis heute seine Lage nicht bestimmt werden. Man weiß nur, dass es sich um einen großen Eichenhain gehandelt hatte, innerhalb dessen eine besondere Eiche stand, deren Stamm sich geteilt hatte und weiter oben wieder zusammengewachsen war.

Natürlich waren längst seitens der Polen Christianisierungsversuche unternommen worden – so um 1000 durch die Missionare Adalbert von Prag und Bruno von Querfurt, die beide dabei den Tod fanden. Doch den Nachfolgern Boleslav Chrobrys gelang es nicht, die Pruzzen niederzuwerfen. Im Gegenteil, diese fielen jetzt ihrerseits in polnisches Territorium ein. Der masovische Teilfürst Konrad war zu schwach, sich der Pruzzen erwehren zu können. Nur noch Hilfe von außen konnte Polen retten. So wandte sich Konrad von Masovien 1225 an den Deut-

Die Schlacht von Akkon. Als Akkon 1291 für die christlichen Ritter verloren ging und an die Sarazenen fiel, war die Arbeit des Deutschen Ritterordens, der ja ursprünglich mit karitativen Aufgaben betraut war und später auch an den Kämpfen teilnahm, im Heiligen Land beendet. Die Ritter setzten den Schwerpunkt ihrer Arbeit des Christianisierens und Kolonisierens ins Pruzzenland.

Kulm an der Weichsel (Chełmno) besitzt eines der schönsten Städtebilder des Ordenslandes. Gegründet 1232, als älteste Siedlung nach Thorn, war es in der ersten Epoche des Ordenslandes dessen Hauptort. Der Orden plante hier, eine eigene Universität zu gründen, doch kam es wegen der Wirren des 15. Jahrhunderts nicht mehr dazu. Die Kulmer Ordensburg, das sogenannte Althaus, wurde um die Mitte des 18. Jahrhunderts in völliger Verkennung des Werts abgetragen, um Baumaterial zu gewinnen.

schen Ritterorden. Konrad war sich sicher, dass ihm Hilfe gewährt werden würde. Denn seine Ziele waren auch die der römischen Kirche: Christianisierung der Heiden – Ausdehnung des Einflussgebietes Roms.

Staat der Deutschritter

Als Lohn sollte der Orden das Polen zugehörige, jedoch von den Pruzzen besetzte Kulmerland (die Gegend östlich des Weichselknies) und alle weiteren pruzzischen Gebiete erhalten, die der Orden erobern würde. Ordenshochmeister war in jener Zeit Hermann von Salza (regierte 1209–1239). Mit seinem eminenten politischen und diplomatischen Talent war er Vertrauter der beiden großen politischen Gegenpole dieser Zeit. Für den Stauferkaiser Friedrich II. wie auch für Papst Gregor IX. war er Berater und Vermittler. Man darf davon ausgehen, dass Konrad von Masovien sich kaum an den Orden gewandt hätte, wenn Hermann von Salza nicht Hochmeister gewesen wäre.

Die plötzlich sich bietende Möglichkeit, durch diese Landgewinne im Pruzzengebiet einen eigenen Staat errichten zu können, war verlockend. Denn knapp zwanzig Jahre davor waren die ersten Bemühungen des Ordens in Siebenbürgen gescheitert. Kaiser Friedrich bestätigte den Vertrag mit Konrad von Masovien alsbald 1226 in der Bulle von Rimini. Darin wurde zusätzlich festgeschrieben, dass der Orden in den besagten Gebieten Obrigkeitsrechte wie ein Reichsfürst erhalten solle.

Deutschritter, Schwertbrüder und „Preussen“

Parallel dazu war seit 1205 in Livland der Schwertbrüderorden mit ähnlichem Auftrag unterwegs. Dieser hatte nicht an den Kreuzzügen teilgenommen, er war ausschließlich für die Missionsarbeit in diesem Gebiet gegründet worden. Doch bereits 1237, nachdem die Schwertbrüder bei Schaulen (Šiauliai) vernichtend von dem litauischen Fürst Mindaugas geschlagen worden waren, vereinigten sie sich mit den Deutschrittern. Doch blieb das livländische Ordensland vom preußischen unabhängig.

Der Landmeister Hermann Balk reiste zusammen mit sieben weiteren Ordensbrüdern und einem umfassenden Tross an Logistik 1230 in das Weichselgebiet. Hochmeister Hermann von Salza hat das Land im Osten nie kennengelernt, aber mit Hermann Balk den weitblickendsten seiner Männer geschickt. In nur kurzer Zeit entstanden als die ältesten Gründungen des Deutschen Ritterordens Thorn (Toruń), Kulm (Chełmno), Marienwerder (Kwidzyń) und 1237 dann Elbing (Elbląg). Neben der Burg plante man zumeist auch eine Stadt. All diese Gründungen lagen an Flüssen. Der Fluss wurde gesichert und man errichtete Brückenköpfe an der anderen Uferseite. Bauern zogen nach und besiedelten das Land.

In der Bulle von Rieti (1234) wurde Hermanns und Konrads Abkommen nochmals durch den Papst bekräftigt. Das Kulmerland und alle bereits geschehenen und noch zu machenden Eroberungen wurden päpstliches Eigentum, aber dem Orden zu ewigem Besitz mit allen Rechten übertragen. Es war klar, dass der Orden diese gewaltigen Vorhaben nicht allein stemmen konnte. Der Papst ließ Hilfstruppen aufstellen, unter anderem ein böhmisches Heer unter König Ottokar II., das 1255 ins Pruzzenland eilte. König Ottokar gründete bei dieser Gelegenheit die Stadt Königsberg (heute Kaliningrad).

Ein voreiliger Versuch, auch russisches Territorium zu erobern, endete 1242 mit einer Katastrophe. Der russische Fürst Alexander Newski trat dem Orden auf dem zugefrorenen Peipussee entgegen. Es gelang ihm, die Ritter im Verlauf des Kampfes an eine brüchige Stelle auf dem Eis zu locken. Fast alle ertranken.

Und auch die Pruzzen setzten von Anfang an dem Orden entschiedenen Widerstand entgegen. So kam es immer wieder zu Aufständen, die ihren Höhepunkt gegen 1270 hatten. Aber mit der Niederschlagung des Sudauer-Aufstandes 1283 war der Widerstand der Pruzzen endgültig gebrochen. Der Orden besaß nun nicht nur das Kulmerland, sondern auch einen breiten Streifen zwischen der Weichselmündung und der Nordspitze der Kurischen Nehrung. Nunmehr konnten groß angelegte Zuzüge von Bauern und Handwerkern erfolgen, womit eine große Zahl weiterer Dörfer und Städte entstand. Die Pruzzen, die ihrerseits nie Untertanen der Polen waren, wurden jetzt Untertanen der Deutschen, wobei die pruzzische Bevölkerung mit den deutschen Siedlern nach und nach verschmolz – pruzzische Sprache und Kultur gingen dabei unter. Ein ungewöhnlicher Aspekt war, dass die Sieger den Namen der Besiegten annahmen – der Ordensstaat sowie seine Bewohner nannten sich fortan „Preußen“. Die Keimzelle zu jenem erst vierhundert Jahre später gegründeten Königreich war entstanden.

Marienburg – neuer Hochmeistersitz

Als 1291 mit dem Fall von Akkon den Kreuzrittern Palästina verloren ging, war der Orden gezwungen, den Sitz des Hochmeisters zu wech-

Elbing (Elbląg) am gleichnamigen Fluss; hier ließ Landmeister Hermann Balk 1237 eine Burg anlegen, um die bald eine Stadt erwuchs. Bis in die zweite Hälfte des 14. Jahrhunderts war Elbing als Handelsstadt bedeutender als Danzig. 1454 wurde die Ordensburg während des sogenannten Dreizehnjährigen Krieges vernichtet. 1945 wurde die Altstadt völlig zerstört, nur die Nikolaikirche überstand das Inferno.

Die pruzzischen Hauptgottheiten: Oberster Gott war Perkunos (Mitte), auch der Gott des Donners. Der jugendliche Potrimpos (rechts) war Gott der Fruchtbarkeit und des Lebens. Er trägt als Attribut einen Erntekranz. Links der düstere Pikollos, der Gott des Todes, gleichzeitig auch die pruzzische Form des Teufels.

seln. Und mit dem Ende der Kreuzzüge wurde dem Orden klar, dass seine weitere Mission ausschließlich im Pruzzenland liegen würde. So entschloss man sich 1309, den Hochmeistersitz von Venedig (wohin man nach dem Fall von Akkon ausgewichen war) auf die Marienburg (Malbork) zu verlegen, die erst etwa vierzig Jahre davor als Komtursitz gegründet wurde.

Im Ordensstaat vollzog sich nun eine Wandlung. Was die Ritter als Soldaten erkämpft hatten, verwalteten sie nun als Beamte. Was an Verwaltungsformen geschaffen wurde, konnte nun in einer friedreichen Epoche zur Vollendung geführt werden. Die spätere, stets als effizient gerühmte Verwaltung des Königreichs Preußen ist ohne die Reglements des Ordensstaates nicht denkbar. So wurde in der zweiten Hälfte des 14. Jahrhunderts die deutsche Besiedlung weitergeführt und beendet. In knapp hundertfünfzig Jahren sind etwa 100 Städte und 1400 Dörfer gegründet worden. Unter Winrich von Kniprode (Hochmeister von 1351 bis 1382) erreichte der Ordensstaat die höchste Blüte seiner politischen und wirtschaftlichen Macht.

Ein Pruzze wird von einem Globus, der die Landkarte des Ordensstaates zeigt, erdrückt (Darstellung aus dem 17. Jahrhundert). Nach fünfzigjährigem Kampf und vielen Erfolgen und Rückschlägen war etwa gegen 1285 der Widerstand der Pruzzen gegen den Orden gebrochen. Viele ostpreußische Orts- und Familiennamen lassen heute noch ihre pruzzische Abkunft erkennen.

Der vernichtende Schlag

Doch die kriegerischen Zeiten waren nur scheinbar zu Ende. Denn obwohl die Polen den Orden zu Hilfe gerufen hatten, waren sie doch niemals seine Freunde, genauso wenig wie es die Litauer oder Russen waren, die diese ganze Entwicklung mit Argwohn beobachteten. Denn der Ordensstaat hatte sich wie ein Riegel zwischen Polen und die Ostsee gelegt. Wahrscheinlich hatte man seitens der Polen nie damit gerechnet, dass die Ordensarbeit so erfolgreich und fruchtbar sein würde, und dass sich der Ordensstaat so in sich festigen konnte, wie es bereits zu Beginn des 14. Jahrhunderts der Fall war. Die Pruzzen waren christianisiert und befriedet – der Mohr hatte seine Schuldigkeit getan und hätte gehen können.

Die Ordensritter spürten, dass sich allmählich ein neuer Gegner bereit machte. Allerdings waren beide Parteien noch um Ausgleich bedacht und scheuten den direkten Konflikt. Doch plötz-

Die Marienburg von Südosten gesehen, mit Blick auf das Hochschloss. Von großem Zauber ist hier die Dämmerung, wenn Morgen- und Abendröte mit dem warmen Rot des Backsteins zu einem einzigartigen harmonischen Farbspiel verschwimmt.

lich änderten sich die Konstellationen. Bisher war es dem Orden nämlich nicht möglich gewesen, die „heidnischen“ Litauer zu missionieren. Zudem versperrte deren Staat den direkten Zugang in die Lande des Schwertbrüderordens. Zwar fanden jedes Jahr sogenannte „Litauerfahrten“ statt, doch endeten diese meist wenig erfolgreich – im Gegenteil: Oft wurden die Ritter zurückgeschlagen und die Litauer drangen ihrerseits ins Ordensgebiet ein.

Mit der Vermählung des litauischen Großfürsten Jogaila (Jagiełło) und der polnischen Thronerbin Jadwiga wurde dem Ordensstaat 1386 ganz bewusst ein vernichtender Schlag versetzt. Das polnisch-litauische Doppelreich wurde zum militärisch unüberwindlichen Gegner. Die Christianisierung Litauens wurde seitens der Polen begonnen. Sein Missionsprivileg wollte sich der Orden jedoch nicht nehmen lassen und fuhr weiterhin gegen Litauen. Doch damit verdarb man es sich mit Polen vollends. Gute zwanzig Jahre blieb die Feindschaft nur schwelend. Es blieb bei kleineren Scharmützeln in den Grenzgebieten. Die einstigen Pläne Konrads von Masovien und Hermanns von Salza wurden aber auf diese Weise pervertiert, denn von einem Kreuzzug gegen die Ungläubigen oder von der Unterstützung des christlichen Bundesgenossen Polen konnte jetzt niemand mehr sprechen. So gab es keinen offiziellen Grund mehr für Hilfsheere, den Rittern Beistand zu leisten. Nun war der Orden auf Söldner angewiesen, was seinem Ansehen nicht zuträglich war.

Schlacht bei Tannenberg

Ein unzufriedener Vasall Jagiełłos verkaufte dem Ritterorden zu Beginn des 15. Jahrhunderts das Ländchen Dobrin (nordöstlich von Thorn). Von dem deutschen König Sigismund, der zugleich Markgraf von Brandenburg war, konnte der

Orden zur gleichen Zeit die Neumark erwerben. Polen konnte diese weitere Ausbreitung des Ordensstaates in keiner Weise dulden. Kleine Aufstände wurden nun in diesen Gebieten angezettelt, worauf der Orden seine Truppen aufmarschieren ließ. Ein Großaufstand in Samaiten an der Nordgrenze des Ordenslandes, der nachweislich von dem litauischen Großfürsten Vytautas initiiert wurde, führte zur Eskalation. Der Orden erklärte den Polen und Litauern den Krieg. Am 6. August 1409 erhielt König Jagiełło den Fehdebrief. Alle Burgen wurden in Verteidigungszustand versetzt. Die Waffenschmiede und die Pulverfabrik der Marienburg arbeiteten Tag und Nacht.

Schließlich kam es am 15. Juli 1410 zu jener entscheidenden Schlacht bei Tannenberg (Stębark), das heute zur Gemeinde Grünfelde (Grunwald) gehört (etwa 40 Kilometer südwestlich von Allenstein (Olsztyn)). Sie gilt als die größte Schlacht des Mittelalters in Europa. Etwa 15 000 Ordenskämpfern (die livländischen Brüder blieben der Schlacht fern) standen 30 000 Polen und Litauer gegenüber. Der Orden wagte den Kampf, wurde aber vernichtend geschlagen und Hochmeister Ulrich von Jungingen fiel. Den versprengten Resten der Truppen gelang es, sich in die Marienburg zurückzuziehen. Unter der Leitung des Schwetzer Komturs Heinrich von Plauen wurde die Marienburg gehalten – wäre aber eingenommen worden, wenn nicht Seuchen im Lager der Polen und Litauer aufgetreten wären. So zogen sie von der Marienburg ab.

Doch der Orden war besiegt. Am 1. Februar 1411 kam es daher zum Ersten Frieden von Thorn. Überraschend durfte der Orden fast sein gesamtes Gebiet behalten, ausgenommen das Land Dobrin und Samaiten. Aber ihm wurden unge-

An die Schlacht bei Tannenberg (von den Polen Grunwald genannt), bei der die Ordensritter von den vereinigten Polen und Litauern am 15. Juli 1410 vernichtend geschlagen wurden, erinnert eine gewaltige, 1966 errichtete Denkmalanlage. Dreidimensional ist die Schlachtaufstellung in Stein nachgebildet. Trotz der Niederlage konnte der Orden zunächst den größten Teil seines Territoriums behalten, doch war der Niedergang des Ordenslandes eingeleitet.

Die Schlacht bei Tannenberg/Grunwald 1410 ist heute Nationalmythos. Das Detail zeigt einen polnischen Krieger des Denkmals.

heure Kontributionen auferlegt. Das Geld sollten jetzt die Städte, Stände und freien Bauern mitbezahlen. Doch die waren dazu nicht bereit. Die Jahre nach 1411 waren innenpolitisch von großen Auseinandersetzungen geprägt. Denn selbst wenn die Städte sich ihrer finanziellen Verpflichtungen korrekt entledigten, hatten sie dennoch keinerlei Mitspracherecht in der Ordenspolitik. Der Ritterorden wurde von den Bürgern und Bauern nur noch als machtfixierte Clique betrachtet, die ausschließlich zu ihrem eigenen Vorteil das Land regierte.

„Königlich Preussen"

Mit der Gründung des „Preußischen Bundes" 1440 in Elbing wurde die Konfrontation ausgeweitet. Adelige und Ratsleute aus 19 Städten fanden sich zusammen, um sich gegen den Orden zu wehren, was 1453 in einen direkten Aufstand mündete. So begann der Dreizehnjährige Krieg zwischen Orden, Städten und auch den Polen. Eine Ordensburg nach der anderen wurde vom Bund erobert und zerstört. Mit der Unterstützung von Söldnerheeren konnte der Orden zwar die Burgen teilweise zurückgewinnen, war dann aber nicht imstande, die Truppen zu bezahlen. Die finanzielle Situation war so desolat, dass 1457 die Marienburg verpfändet werden musste. Eine Söldnertruppe besetzte sie, vertrieb den Hochmeister, der fortan in Königsberg residieren durfte und verkaufte die Burg dem polnischen König, der sie bis zur Ersten Polnischen Teilung 1772 behalten konnte.

Der Zweite Thorner Friede von 1466 beendete diese unwürdigen Vorgänge. Doch diesmal war die Niederlage weitaus größer als fünfzig Jahre zuvor. Große Gebietsverluste waren die Folge. Das Kulmerland, Pommerellen, Marienburg,

Christburg (Dzierzgoń) und insbesondere das Ermland mussten an Polen abgetreten werden. Thorn, Danzig (Gdańsk) und Elbing wurden ebenfalls der polnischen Krone unterstellt, behielten aber weitgehend ihre Souveränität. Der ganze Westteil des Ordensstaates wurde polnisch und führte dreihundert Jahre lang, bis 1772, ein politisches Eigenleben, abgetrennt vom Rest des Ordenslandes. Das spätere Westpreußen, offiziell hieß es „Königlich Preußen" (gemeint war der Polenkönig), war entstanden.

Thorn (Toruń) wurde im Jahr 1231 gegründet und ist damit die erste aller Ordenssiedlungen. Die Thorner Burg ist jedoch 1454 im dreizehnjährigen Bürgerkrieg zwischen Orden, Ständen und Polen zerstört worden. Auf den Resten der Burg wurde 1468 der sogenannte Junkerhof, ein Gesellschaftshaus der Kaufmannsgilde errichtet. Glücklicherweise hat das mittelalterliche Thorn den Zweiten Weltkrieg unversehrt überstanden.

Die schwerste Last des Zweiten Thorner Friedens sah man nicht in den Gebietsverlusten, sondern in der polnischen Lehnspflicht, die dem verbliebenen Teil des Ordenslandes nun auferlegt wurde. Man versuchte, ihre Härten zu mindern, indem man angesehene Reichsfürsten zu Hochmeistern machte. Doch war die Stellung des Hochmeisters nach all dem Geschehenen keineswegs ein begehrter Posten. Immerhin fanden sich noch zwei große Fürsten, die die undankbare Aufgabe übernahmen. Von 1498 bis 1510 war es Herzog Friedrich von Sachsen und 1511 wurde Markgraf Albrecht von Brandenburg zum Hochmeister gewählt. Mit dieser Wahl dachte man, sich Polen aussöhnend nähern zu können, denn Albrechts Mutter war die Schwester des Polenkönigs Zygmunt.

Der heilige Stanislaus, Bischof von Krakau (um 1030–1079). Während der Schlacht von Tannenberg soll er schwebend über dem polnisch-litauischen Heer voran gegen den Orden gezogen sein und damit den Sieg für Polen herbeigeführt haben.

Der Herzog von Preussen

Doch verweigerte Albrecht den Lehnseid und begann 1519 den letzten Krieg zwischen Orden und Polen. Zum Sieg fehlten Albrecht eigene Truppen, noch einmal musste auf Söldner zurückgegriffen werden. Und aufgrund der Religionswirren im Reich traf keine weitere Hilfe von dort ein. Auch war die Reformation ins Land eingedrungen. In Königsberg fanden protestantische Gottesdienste statt, Bischöfe traten zum neuen Glauben über. Albrecht sah sich am Ende.

Er begab sich nach Wittenberg zu Luther, der ihm empfahl, die Ordensregeln abzuschaffen und den Staat in ein weltliches Herzogtum umzuwandeln. Nur dadurch könnte das Land vor der Besitznahme durch Polen bewahrt werden. Albrecht, protestantisch geworden, leistete für sich und seine Erben nun den Lehnseid auf Polen und wurde dafür vom Polenkönig als Herzog von Preußen anerkannt. Erst nach dem Aussterben aller seiner männlichen Erben und erbberechtigten Verwandten sollte das neue Herzogtum an Polen fallen. Der Frieden von Krakau (Kraków) vom 8. April 1525 beendete die dreihundertjährige Geschichte des Ordenslandes Preußen. Doch weder Kaiser noch Papst erkannten den „Krakauer Kuhhandel“ an. Der livländische Ordensstaat blieb zunächst bestehen und wurde erst 1561 in die Herzogtümer Kurland und Livland umgewandelt. Herzog Albrecht regierte bis 1568, sein Sohn bis 1618. Dann wurde das Herzogtum Preußen mit dem Kurfürstentum Brandenburg vereinigt und Polen, das aufgrund der Schwedenkriege nun andere Sorgen hatte, entließ das Land 1660 aus der Lehenshoheit. 1701 konnte Preußen als Königreich entstehen.

Der Orden wurde nicht aufgelöst, aber er hatte in Preußen keine Wirkungsstätte mehr. Die Ordensresidenz wurde nach Mergentheim verlegt. Die Hochmeister nannten sich nun „Hoch- und Deutschmeister“. Im 17. und 18. Jahrhundert unterstützte der Orden die Reichstruppen in den Türkenkriegen. Napoleon löste den Orden in den Rheinbundstaaten 1809 auf, worauf der Hauptsitz nach Wien verlegt wurde. Der Deutsche Orden besteht noch heute in Deutschland, Österreich und Südtirol als rein karitativer beziehungsweise seelsorgerischer Priesterorden.

Seite 20/21:
Die Bischofsburg von Allenstein (Olsztyn) im Ermland wurde vor 1350 erbaut. Sie liegt, mit strategischer Bedeutung, in einer großen Schleife der Alle und überwacht den Fluss. Ihr runder Eckturm besitzt unten einen quadratischen Grundriss. Hier residierte von 1516 bis 1519 und in den Jahren 1521 bis 1524 Nikolaus Kopernikus als Landpropst.

Seite 22/23:
Der ganze Zauber eines lang versunkenen Mittelalters steigt in der Dämmerung über der Burg Laiuse (Lais) im östlichen Estland auf. Errichtet vermutlich gegen 1420 auf den Resten älterer Bauten, wurde sie 1559 im Livländischen Krieg von den Russen zerstört, jedoch von den Russen wieder aufgebaut.

Polnische Ritter in der Tracht des 15. Jahrhunderts.

Wakacyjne czwartki
z Mikołajem Kopernikiem

Krone der Ordensarchitektur – die Marienburg

Sie ist zweifellos die bekannteste aller Ordensburgen und die Krone der Ordensarchitektur überhaupt. Für viele Menschen ist sie wahrscheinlich die einzige Ordensburg, die sie je gesehen und besucht haben. Sie war und ist geistiges und physisches Sinnbild des deutschen Ostens. Wer bei Dirschau (Tczew) – ganz gleich, ob er mit der Eisenbahn oder auf der Straße anreist – den Pommerschen Landrücken hinter sich lässt, die Weichsel überquert und in die Niederung einfährt, erblickt wie eine ferne Vision am Horizont eine zarte, lichtbraune Silhouette, aus der alsbald beim Näherkommen das trutzige Bollwerk der größten Backsteinarchitektur der Welt erwächst. Gut hundertdreißig Jahre dauerte es, bis die Marienburg in ihrem Umfang fertiggestellt war, beginnend mit einer einfachen Holzarchitektur 1270, der bereits zehn Jahre später ein Bau in Stein folgte, und der dann seinerseits nach und nach in ungeheurer Großartigkeit anwuchs.

Seite 26/27:
Die Marienburg von Süden. 600 Meter erstreckt sich der ganze Komplex an der Nogat entlang. Die alte Stadtkirche Marienburgs, die Johanneskirche mit ihrem hölzernen Turm, wurde gegen 1480 erbaut. Bis 1945 war der unmittelbare Uferbereich zur Nogat dicht mit kleinen Bürgerhäusern bebaut, die jedoch sämtlich zerstört wurden.

Rechts:
Blickt man von Südosten auf die Marienburg sieht man rechts neben dem Hochschloss die Marienkapelle, unter ihr die Annenkapelle, in der elf Hochmeister beigesetzt sind.

Deutlich erkennt man an den unterschiedlichen Färbungen der Backsteine die ausgebesserten schweren Kriegsschäden an der Ostseite der Burg (hier das Mittelschloss). In diesem Gebäudeteil befanden sich die Gästezimmer der Marienburg.

Blick von Nordosten auf das Mittelschloss der Marienburg. Mit unerhörtem Aufwand konnten die Zerstörungen der Ostflanke der Burg weitgehend beseitigt werden.

Rechte Seite:
Beim Wiederaufbau des Schlosses erhielt der Burgturm das Aussehen wieder, das er zur Ordenszeit besaß. Im 19. Jahrhundert hatte er eine überhöhte neogotische Spitze bekommen, die 1945 zerstört wurde.

Die wechselvolle Geschichte der Marienburg

Von Thorn aus, das 1231 die erste Stadtgründung des Ordens war, schritt die Kolonisierungsarbeit nord- und nordostwärts voran, immer tiefer in die pruzzischen Lande hinein. Gute 30 Jahre danach war das Weichseldelta mit der Landschaft Pommerellen erreicht. Im Kreuzungsbereich zweier wichtiger Handelswege, die Mitteleuropa mit dem russischen Nowgorod verbanden beziehungsweise als uralte „Bernsteinstraße" den Ostseeraum mit dem Mittelmeergebiet verknüpften, errichtete man am rechten, erhöhten Ufer des Nogatflusses um 1274 eine Komtursburg. Die Wahl für diesen Ort hing selbstverständlich auch mit der zielgerichteten Eroberung von Pommerellen zusammen.

Mitte:
Die historische Ansicht zeigt die Marienburg um 1900, rechts sind die Giebel der Stadtkirche St. Johannes zu sehen.

Architektonische Blüte

Die Burg wurde nach einem gebräuchlichen Schema angelegt: in der Form eines regelmäßigen Vierecks, dem Konventshaus, mit einem Innenhof. Dieses spätere Hochschloss war umgeben von einer sich nördlich anschließenden Vorburg, einer Wehrmauer und einem Graben. Gegen 1280 war die Anlage zusammen mit einer Kapelle vollendet und der Konvent, zwölf Ordensritter sowie sechs Priester, zog zusammen mit einer größeren Anzahl an Gesinde und sogenannten Laienbrüdern ein. Diese „erste" Marienburg war aber noch keineswegs jene überwältigende Anlage, als die sie sich heute darstellt. Sie unterschied sich nur wenig von anderen Ordensburgen im Land. Ihr späteres Aussehen erhielt die Burg erst, als 1309 der Hochmeister einzog, und die Burg zum repräsentativen Haupthaus des Ordens und nach und nach zu einer der gewaltigsten Festungen des Mittelalters wurde.

Zunächst entstand eine neue Vorburg zusammen mit einem neuen Ostflügel des Konventshauses. Das spätere Mittelschloss wuchs auf den Mauern der alten Vorburg

Unten:
Blick vom Westufer der Nogat zum Mittelschloss, zum Hochmeisterpalast und zum Hochschloss (von links nach rechts).

empor. Ein neuer Versammlungsraum, der „Große Remter", wurde im Westflügel des neuen Baus eingerichtet. Mit Ausmaßen von 30 mal 15 Metern ist er der größte Saal aller Ordensburgen und einer der schönsten mittelalterlichen Säle überhaupt.

1335 baute man einen 45 Meter hohen Turm, zehn Jahre später war die Erweiterung der alten Burgkapelle St. Marien abgeschlossen. Sie hatte nun einen prunkvollen Eingang und in einer Außennische des Chors war die berühmte acht Meter hohe Marienstatue errichtet worden. Das gewaltige Bildnis aus Stuck, das mit farbigen Glaspartikeln überzogen war, sollte sinnfällig die kulturelle und missionarische Arbeit des Ordens unter dem Patronat der Gottesmutter verkörpern und war daher nicht von ungefähr nach Osten ausgerichtet. Die alte Gruftkapelle darunter wurde vergrößert und als würdige Grablege für die Hochmeister gestaltet. Gekrönt wurde der Ausbau der Burg durch den 1383 bis 1393 entstandenen Hochmeisterpalast, der – gleichsam ein Wohnturm – weit zur Nogat hin vorspringt. Mit seinen beiden berühmten Sälen, dem Winter- und dem Sommerremter (letzterer mit einem kunstvollen Gewölbe, das auf einer einzigen schlanken Granitsäule ruht), gilt er mit seinem lichterfüllten Charakter als letzte große architektonische Blüte, die die Baumeister des Ordens kurz vor dessen Niedergang erwachsen ließen.

Besetzung der Burg

Ihre erste Feuertaufe als Wehrbau bestand die Marienburg kurz nach der verlorenen Schlacht bei Tannenberg. Der Schwetzer Komtur Heinrich von Plauen verteidigte sie erfolgreich gegen das polnisch-litauische Heer. Er ließ nach Ende der Kämpfe die Verteidigungsanlage der Burg zu einem komplexen Mauer-Graben-Zwinger-System erweitern. Während dem Dreizehnjährigen Krieg zwischen Orden, Preußischem Bund und Polen wurde sie zunächst auch erfolgreich verteidigt, geriet aber im Juni 1457 schließlich an Polen. Söldner, denen der Lohn nicht ausbezahlt worden war, besetzten die Burg und verkauften sie dem polnischen König. Der Hochmeister musste die Burg kampflos und schmachvoll verlassen und bereits am anderen Tag nahm sie König Kasimir IV. in Besitz. Als dann 1466 im Zweiten Frieden von Thorn der ganze Westen des Ordenslandes zu-

Die Ostseite der Burg mit dem Hochschloss um 1900. Die acht Meter hohe Marienstatue an der Außenseite der Marienkapelle zählte zu den größten Sehenswürdigkeiten der Burg. Kapelle und Statue wurden 1945 zerstört – bis heute ist die Statue nicht wieder hergestellt.

sammen mit dem Ermland an Polen fiel und über dreihundert Jahre dem polnischen Staat zugehörig blieb, wurde die Marienburg eine Residenz des Königs. Allerdings besuchten die polnischen Herrscher die Burg nicht sehr oft und residierten dann ausschließlich im Hochmeisterpalast. Hoch- und Mittelschloss blieben leer und nach und nach begann der einst stolze Bau zu verfallen. Handwerker und Kleinhändler begannen sich um das Burggelände sowie in der Vorburg anzusiedeln. 1644 ließ ein Brand den Verfall vorantreiben. Während der polnisch-schwedischen Kriege, die fast das ganze 17. Jahrhundert andauerten, war der Verfall vorübergehend gestoppt, da die Burg den schwedischen Generälen als Hauptquartier diente und dabei sogar neue Befestigungsanlagen erhielt.

Mitte:
Die Westseite des Hochschlosses der Marienburg mit dem Danzker (Toilettenanlage) und dem Durchgang zu ihm.

Doch brachte die russische Besetzung der Burg 1758 bis 1762 wieder schwere Schäden. Als dann mit der Ersten Polnischen Teilung 1772 die Burg an Preußen fiel, war sie abbruchreif und diente bis auf weiteres nur als Getreidespeicher und als Kaserne. Der Sommerremter war zum Schulzimmer geworden. Noch einmal wurde sie 1806/07 durch die napoleonischen Truppen schwer in Mitleidenschaft gezogen. Obwohl die Burg stark beschädigt war, entschloss sich Oberpräsident Theodor von Schön zum Wiederaufbau, den er als nationale Aufgabe ansah – gerade jetzt, wo sich Preußen nach der fast völligen Vernichtung durch Napoleon wieder aus der Asche erhob. Nach 22-jähriger Arbeit war 1839 dann die erste Phase des Wiederaufbaus abgeschlossen. Joseph von Eichendorff, damals als hoher Regierungsbeamter in Königsberg tätig, setzte sich persönlich in ganz Deutschland für die Burg ein.

Wiederaufbau und Zerstörung

Eine originalgetreue Restaurierung kam aber nur teilweise zustande, da es keine Vorlagen über das mittelalterliche Aussehen gab. Als unter dem berühmten Baumeister Conrad Steinbrecht 1882 eine zweite Phase des Wiederaufbaus begann, trug man zunächst die schwedischen Fortifikationen ab und bemühte sich dann bis 1922 um einen historisch getreuen Wiederaufbau, bei dem nur ganz vereinzelt (Turmdach) Kompromisse gemacht wurden. Doch nur 23 Jahre lang stand die Marienburg in alter Schönheit wieder am Nogatufer.

Die Festung wurde im März 1945 von der Roten Armee erobert. Dabei wurden die Ostseite der Burg und die unter anderem durch ihre Fresken kulturhistorisch bedeutende Burgkirche schwer zerstört. Die große Marienstatue war völlig vernichtet und wurde, wie die Kirche, bis heute nicht wiederhergestellt. Die neuen polnischen Herrscher über Stadt und Burg betrachteten sie jedoch als Residenz ihrer Könige und begannen unter erheblichem finanziellen Einsatz den Wiederaufbau. 1959 zerstörte ein Feuer einen Teil des Neubaus. Bis heute ist die Rekonstruktion der gesamten Anlage nicht abgeschlossen. Seit 1997 zählt die Marienburg zum UNESCO-Weltkulturerbe, dient als Museum, als Kulisse für Freilichtaufführungen und ist ein Besuchermagnet ersten Ranges.

Links:
Die Außenseite der Marienkapelle von Süden betrachtet; in der Krypta darunter befindet sich in der Annenkapelle die Hochmeistergruft.

Ganz links Mitte:
Die prächtige Westseite des Hochmeisterpalastes, erbaut von 1383 bis 1393. In dessen erster Etage liegen die berühmten Prunkräume des Hochmeisters, der Sommer- und der Winterremter. In seiner vollendeten Architektur ist er ein Bauwerk von europäischer Bedeutung. Sehr phantasievoll ist die Gestaltung der Unterbrechung der massiven Backsteinpfeiler durch paarweise eingeschobene Granitsäulchen.

Links:
Das Innere der Marienkapelle bis zu ihrer Zerstörung 1945. Diese Kapelle war gleichsam das Ordensheiligtum und der vornehmste Raum der ganzen Marienburg. Wegen der brüchigen Statik konnte die Kapelle bis heute nur provisorisch wiederhergestellt werden – ein vollständiger Wiederaufbau würde zunächst den Abriss einzelner Wandteile mit kunsthistorisch bedeutsamen Malereien erforderlich machen.

Ganz links:
Der Eingang zum Haupthaus (Hochschloss) vor dem Umbau durch Conrad Steinbrecht 1882. Die strenge Bauform der Ordensarchitektur zeigt sich in der mächtigen Backsteinwand, die nur schwach belebt ist, doch von drei großen spitzbogigen Fenstern und mehreren kleinen Fenstern in Bogennischen gegliedert ist.

Linke Seite:
Der sogenannte Pfaffenturm am Graben zwischen Mittel- und Hochschloss der Marienburg war ein Wachturm innerhalb der Anlage.

Zur Nogat hin liegt das Brückentor, durch das man unmittelbar zum Fluss gelangen kann, es ist das einzige Tor an dieser Seite der Marienburg. Es ist aus der Ordenszeit erhalten und wurde von den Umbaumaßnahmen des 19. Jahrhunderts nicht betroffen. In dem kleinen Haus daneben befinden sich heute die Werkstätten des Schlossmuseums.

Vom Hof des Mittelschlosses aus eröffnet sich der Blick auf den Hochmeisterpalast.

Die Marienburg ist der größte touristische Anziehungspunkt in Nordpolen. In der Saison muss oft mit Wartezeiten beim Einlass gerechnet werden.

An der Nordseite der Burg, nahe des Haupteingangs, laden viele Bänke zu einer Rast in idyllischer Umgebung ein.

Rechte Seite:
Die Kreuzgänge im Hochschloss der Marienburg laufen um das Obergeschoss. Von hier, vom Nordflügel des Hochschlosses, gelangt man durch die berühmte Goldene Pforte in die Marienkapelle.

Links:
Der zweischiffige Große Remter im Nogatflügel des Mittelschlosses ist der größte Saal der Marienburg; er entstand zwischen 1318 und 1324 und gilt als singuläres Bauwerk seiner Epoche. Hier empfing der Hochmeister ausländische Herrscher und Ritter. Filigrane Sterngewölbe schmücken den 30 mal 15 Meter großen Raum. Ungewöhnlich für die damalige Zeit besaß der Saal eine Fußbodenheizung, die durch ein Ofensystem in den Kellern darunter betrieben wurde. Das System ist heute noch vorhanden.

Unten:
Der lichtdurchflutete Sommerremter wird oft als schönster Saal der Marienburg angesehen. Eine einzige schlanke Granitsäule trägt das herrliche Sterngewölbe. Eine steinerne Kanonenkugel von der Belagerung 1410 steckt in der Mauer oberhalb des Kamins. Glasfenster aus dem 19. Jahrhundert zeigen Szenen aus der Ordenshistorie.

Die Verwaltung des Ordensstaates

Das Burgmuseum der Marienburg lässt die Ordenszeit lebendig werden. An solchen Schreibpulten arbeiteten die Ordensritter, die Kutten stellten außerhalb des Kampfes ihre Alltagskleidung dar.

Der Staat des Deutschen Ritterordens konnte mit keinem weltlichen und geistlichen Staat der damaligen Zeit verglichen werden. Er war eines der seltsamsten Gebilde, die je erdacht wurden und war „kirchlich und weltlich zugleich, ritterlich und bürgerlich, deutsch und europäisch", wie es der Historiker Fritz Gause ausdrückte. Der oberste Ordensherr war zugleich Landesherr Preußens. Bei der Führung der Regierungsgeschäfte wurde der Hochmeister von fünf sogenannten Großgebietigern unterstützt, von denen der Großkomtur für die Verwaltung des Ordenslandes als Ganzem zuständig war. Der Ordensmarschall beaufsichtigte das Kriegs- und Verteidigungswesen. Wenn der Hochmeister im Kriegsfall nicht selbst das Kommando übernehmen konnte, war der Ordensmarschall der Oberkommandierende. Die Hospitaleinrichtungen des Ordens waren dem Obersten Spittler unterstellt. Dieser residierte in Elbing, wo sich das Hauptspital des Ordens befand. Bekleidung und Versorgung waren die Angelegenheit des Obersten Trapiers und der Oberste Treßler war der Schatzmeister und Finanzminister. Dazu gab es noch zwei sogenannte Großschäffer, die in Marienburg und Königsberg saßen und die obersten Handelsbeamten des Staates waren. Die Einkünfte des Ordens an Getreide, Fellen und Bernstein und deren Vertrieb in ganz Europa war unter anderem ihre Obliegenheit. Die Marienburg besaß einen eigenen Verwaltungsleiter, den Hauskomtur, der letztlich den Oberbefehl über dieses „Haupthaus" hatte, soweit der Hochmeister nicht Gegenteiliges anordnete.

Die Landeshoheit musste man sich allerdings mit vier Bischöfen teilen: Die Bistümer waren Samland, Ermland, Pomesanien und Kulm. Jeder Bischof hatte dabei ein Drittel seines Gebiets als eigenes Herrschaftsgebiet erhalten. So gab es innerhalb des Ordensstaates zusätzlich vier kleine geistliche Fürstentümer. Diese Regelung wurde auf Befehl Roms eingeführt, denn der Papst misstraute dem Orden in allen seinen Unternehmungen.

Unterteilt war das Land in 25 Komtureien. Der Komtur war nicht nur für die Verwaltung seines Bezirks verantwortlich, sondern auch für die Verteidigung seiner Burg und der zugehörigen Stadt. Dem Volk gegenüber war er höchs-

In der Gruftkapelle St. Annen unter der Marienkirche liegen elf Hochmeister begraben, darunter Dietrich von Altenburg (gest. 1341), Heinrich Dusemer (gest. 1351) und Heinrich von Plauen (gest. 1429). Doch sind nur die Grabsteine (gefertigt aus gotländischem Kalk) dieser drei Ordensmeister erhalten. Die letzten Ruhestätten der anderen sind nicht mehr auffindbar.

ter Polizist und Richter. Er befehligte das Militäraufgebot, zu dem die Bürger und freien Bauern seines Gebiets verpflichtet waren. In der Blütezeit des Ordens, gegen 1380, bildeten bis zu 50 Ordensbrüder (von Burg zu Burg unterschiedlich), denen der Komtur vorstand, den Konvent, das geistliche und weltliche Verwaltungsgremium einer Komturei. Alle Ordensbrüder hatten hierbei ein eigenes Amt zu versehen, etwa als Küchenchef, Kellermeister, Fischmeister und so weiter. Selbst jagen durften die Ritter allerdings nicht, nur Jäger beaufsichtigen. Allein dem Hochmeister und dem Komtur war es gestattet. Die Komtureien wurden nochmals unterteilt. Diese Einheiten wurden von sogenannten Pflegern (wirtschaftlich) und Vögten (gerichtlich) verwaltet, die ihrerseits dem Konvent der jeweiligen Komturei angehörten.

RITTER SEIN HEISST MÖNCH SEIN

Schätzungen zufolge sollen um 1400 etwa zweitausend Ordensritter im Land gelebt haben, gegen 1500 nur noch etwa vierhundert. Die sogenannten Priesterbrüder, also „reine" Mönche, die nicht am Kampf teilnahmen, wie auch

Oben:
Das Burgmuseum der Marienburg zeigt die Kopie der Grabplatte eines polnischen Königs.

Links und unten:
Auch das Burgmuseum auf der besterhaltenen baltisch-livländischen Burg, der Bischofsburg von Kuressaare (Arensburg, niederdeutsch für Adlerburg) auf der estnischen Insel Saaremaa (Ösel) beherbergt zahllose Kunstschätze der Ordenszeit.

die Laienbrüder, Leute niederen Standes, die in der Landwirtschaft, im Handwerk oder in der Burgverwaltung die Ritter unterstützten, wurden dabei nicht berücksichtigt. Diese sogenannten „Halbbrüder" verrichteten jedoch den Hauptteil aller in einer Burg anfallenden Arbeiten.

Es darf nicht vergessen werden, dass die Ritter in erster Linie Mönche waren. Die Gelübde von Armut, Keuschheit und Gehorsam banden sie. Bescheiden war daher ihre Alltagskleidung: Ein wollener Rock, dazu ein Überwurf mit Kapuze und ein Mantel. Ungefärbte dünne Leinenhemden und -hosen dienten als Unterkleidung. Den Tagesablauf bestimmte die Ordensregel. Viermal täglich war Andachtszeit. Der Tag begann im Morgengrauen mit einer Messe. Die Mahlzeiten wurden schweigend, meist im Remter, eingenommen – das gleiche Essen, das auch die Bediensteten im Erdgeschoss zu sich nahmen. Der Komtur erhielt eine vierfache Portion, allerdings zur Weiterreichung an Arme oder büßende Mitbrüder. Als Getränk gab es ausschließlich Bier, an hohen Feiertagen kredenzte man Met.

Rechts, oben und unten:
Auch Kunstgegenstände aus Bernstein beherbergt das Museum der Marienburg. Die Ostseeküste zwischen Weichselniederung und Memel ist auch heute noch die klassische Fundstelle jenes magischen, lichtbraunen, versteinerten Kiefernharzes.

„Bete, arbeite und streite"

Dazwischen Arbeit: Verwaltungsangelegenheiten, Fischerei, Gartenbau, Abfassen der Ordenschroniken, geistliche Unterweisung für die Bevölkerung. Nach dem letzten Abendgebet herrschte bis zum Morgengebet absolute Schweigepflicht. Man schlief in seinen Unterkleidern auf einem einfachen, mit Wollresten gefüllten Bettsack mit Kopfkissen. Federbetten gab es nur für Kranke.

Seltene Abwechslung boten durchreisende Gäste. Dann wurde vorgelesen: Biblisches oder ritterliche Epen – doch alles mehr moralische Erbauung als Unterhaltung. Die Notwendigkeit zum Kampf bei Kriegszügen und bei plötzlich eintretenden Verteidigungsfällen setzte natürlich den vorgeschriebenen Tagesablauf außer Kraft. Man kämpfte mit Lanze, Speer, Bogen und Armbrust. Dabei herrschte eiserne Disziplin: unter anderem durfte ohne Erlaubnis niemand die Waffen an- und ablegen, es gab eine strenge Feldlagerordnung und zahllose Vorschriften, sogar für den Feldgottesdienst. All das regelten die Ordensstatuten, die in „Regeln", „Gesetze" und „Gewohnheiten" gegliedert waren. Die Gesetze erläuterten dabei die (mönchischen und militärischen) Regeln, die Gewohnheiten beschäftigten sich mit der Ordensverfassung und den Befugnissen einzelner Ordensangehöriger, je nach hierarchischer Position.

Oben:
Von der Belagerung der Marienburg durch das polnische Heer 1410 nach der Schlacht von Tannenberg künden zahlreiche im Museum aufbewahrte steinerne Kanonenkugeln.

Oben links:
Im Burgmuseum der Marienburg wird eine hölzerne Christusfigur aus dem 14. Jahrhundert aufbewahrt.

Links:
Im Burggefängnis der Bischofsburg Treiden (Turaida) in Lettland sind Szenen mittelalterlicher Gerichtsbarkeit figurativ dargestellt.

Linke Seite:
Der Kreuzgang im Hochschloss ist nur eines von zahlreichen Beispielen für die Baukunst der Marienburg.

Der zweischiffige Konventsremter, auch Herrenstube genannt, war interner Sammlungs- und Ruheraum der Mönchsritter. Durch die farbige Ausmalung der Wände und durch einen Kamin wurde eine behagliche Atmosphäre erzeugt.

Der auf quadratischem Grundriss errichtete Winterremter im Hochmeisterpalast war der Repräsentationsraum des Ordensmeisters während der kalten Jahreszeit. Eine einzige Säule trägt das ganze Gewölbe.

Linke Seite:
Im Kapitelsaal (auch großer Remter) des Hochschlosses. Kleine Fenster lassen genug Helligkeit herein, bewahren aber die Vornehmheit dieses Raums, in dem die Wahl des Hochmeisters stattfand. Gemälde mit geistlichen Motiven unterstreichen, dass der Hochmeister nicht nur Ritter, sondern auch Mönch war. 1899 ist der Saal völlig umgestaltet worden.

Das letzte Abendmahl Christi. Die Wandmalerei im Konventsremter der Marienburg stammt aus dem 14. Jahrhundert.

Auch in der leider schwer beschädigten Marienkapelle finden sich Freskenrelikte aus dem 14. Jahrhundert.

DIE ORDENSBURGEN IN OST- UND WESTPREUSSEN

Bis vor gut zwanzig Jahren war das Wissen um die Ordensburgen und ihre Geschichte zumindest in Westeuropa kaum mehr vorhanden. Das war aber nur zum Teil der Lage im kommunistischen Machtbereich zu verdanken, durch die es schwierig war, die Burgen zu besuchen. Denn schon um 1900 war in Vergessenheit geraten, was sich im Mittelalter im Osten ereignet hatte. Dabei war der Drang und Zug der Deutschen im 13. Jahrhundert nach Osten – die deutsche Ostkolonisation, die ohne den Staat des Ritterordens kaum in diesem Umfang möglich gewesen wäre – zweifellos die folgenreichste Entwicklung jener Zeit.

Die markanten Wehrbauten der Kolonisation in Ost- und Westpreußen, heute in Polen und zu einem kleinen Teil auf russischem Territorium gelegen, sind zumindest in ersterem rekonstruiert und stehen unter Denkmalschutz. Besucher aus Deutschland kommen immer öfter, da es (zumindest auf polnischem Gebiet) leicht zugängliches touristisches Neuland zu entdecken gilt, das noch dazu mit der eigenen Geschichte oder der eigener Vorfahren in Verbindung steht.

Viele Burgen sind aber nur als Ruinen erhalten geblieben oder wurden völlig umgestaltet – nicht wegen ihrer Zerstörung in verschiedenen Kriegen, sondern eher aufgrund der Sparsamkeit der preußischen Kurfürsten und Könige im 17. und 18. Jahrhundert, die in ihnen nur Relikte eines grauen Mittelalters sahen und sie daher als Steinbrüche nutzten.

Der Turm der Stadtkirche St. Bartholomäus (erbaut 1431) und die nach der Reformation zur Bischofsburg umgebaute alte Ordensburg von Liebemühl (Milomłyn) im südlichen Ostpreußen bilden ein eindrucksvolles Ensemble. Der Glockenturm steht vom Schiff getrennt und ist gleichzeitig Wehrturm. Hier residierten von 1567 bis 1587 die protestantischen Bischöfe von Pogesanien, eines Bistums, das schon in der Ordenszeit bestand.

Fast an französische Burgen ist man bei der Komtursburg Schwetz (Świecie) erinnert, nordwestlich von Kulm gelegen, die mit ihrem Zinnenkranz und insbesondere mit den sogenannten „Maschikuli“ auf dem Turm eine Ausnahme innerhalb der Ordensarchitektur darstellt. Es handelt sich dabei um Öffnungen, durch die man heißes Pech oder Steine auf die Angreifer hinunterfallen lassen konnte. Der Orden verlor die Burg 1461 während des Dreizehnjährigen Krieges an die Stadt Thorn.

Die sicherlich schönste Burganlage Westpreußens, von typischem, annähernd quadratischem Zuschnitt, liegt in Mewe (Gniew) über dem Westufer der Weichsel. 47 Meter beträgt die Seitenfläche der Burg, die gegen 1320 vollendet war. 1464 verlor der Orden die Burg an Polen. Um die Mitte des 18. Jahrhunderts begann sie zu verfallen, wurde als preußische Kaserne und als Lagerhaus genutzt. 1945 teilweise zerstört, erfolgte in der Nachkriegszeit der Wiederaufbau.

Ganz am Westsaum des alten Ordenslandes liegt die Burg Bütow (Bytów) in Ostpommern. Die um 1400 errichtete Burg war Grenzstützpunkt und eine der spätesten Burgbauten des Ordens. Der Baumeister war Nicolaus Fellenstein, der auch den Hochmeisterpalast der Marienburg schuf. An vielen aufwendigen Details des Baus bemerkt man dessen Handschrift. Die Burg brannte 1945 aus, wurde als Regionalmuseum wieder hergerichtet und birgt auch ein sehr schönes Hotel.

Die westlichste aller großen Burgen war die von Schlochau (Człuchow). Um Baumaterial für den Wiederaufbau von Schlochau zu gewinnen, das 1786 und 1793 von Bränden zerstört worden war, brach man die gut erhaltene Burg ab. Karl Friedrich Schinkel baute 1828 auf den Grundmauern des Nordflügels eine Kirche an den einzig stehengebliebenen Turm an, der dabei Glockenturm wurde.

Seite 52/53:
Einen eindrucksvollen Gebäudekomplex bildet die Bischofsburg von Marienwerder (Kwidzyń) mit der Domkirche und dem gewaltigen Danzker, der 60 Meter in die Nogatniederung hineinreicht.

Der Dom von Marienwerder wurde zwischen 1342 und 1380 erbaut. Der 52 Meter hohe Glockenturm der Kirche ist gleichzeitig Wehrturm der Bischofsburg. In einer Seitenkapelle ist Otto Friedrich von der Groeben (1657–1728) beigesetzt. Er gründete 1683 in Westafrika, im Gebiet des späteren Ghana, die erste preußische Kolonie Groß-friedrichsburg, die allerdings nur bis 1717 Bestand hatte.

Rechts:
Die Bischofsburg von Marienwerder ist heute Museum und birgt viele Kunstwerke aus der Ordenszeit.

Ganz rechts:
Blick vom Hof der Bischofsburg von Marienwerder zum Danzker. Wo die Kanone steht, befand sich bis 1798 der Südflügel, der zur Gewinnung von Baumaterial abgerissen wurde.

Rechte Seite:
Wie bei Sommer- und Winterremter der Marienburg, wird das Gewölbe des Remters der Burg von Marienwerder ebenfalls von einer einzigen Säule gestützt. Auch dieser Saal ist eine Meisterleistung der Ordensbaumeister.

Die Burgruine von Rehden (Radzyń Chełmiński) in Westpreußen, unweit von Graudenz, ist selbst als Ruine eine der optisch überwältigendsten ihrer Art. Auf einer Grundfläche von 52 Metern Seitenlänge errichtet, wurde sie um 1330 vollendet. Die Burg wurde während der polnisch-schwedischen Kriege im 17. Jahrhundert zerstört, dann unter preußischer Herrschaft nach 1772 nach und nach abgebrochen. Heute ist in ihr ein kleines Museum untergebracht, die alte Burgkapelle ist mit einem Notdach versehen.

Thorn war die älteste und vor 1466 neben Danzig die mächtigste Stadt des Ordenslandes und jahrhundertelang für die Fernhandelskaufleute das Tor in den Staat der Mönchsritter. Die Ordensritter gaben ihrer ersten Gründung den Namen in Anlehnung an die erst wenige Jahre davor aufgegebene Ordensburg Thoron in Palästina. 1454 eroberte der Preußische Bund die Stadt, wobei die Burg bis auf die Grundmauern zerstört wurde und im 20. Jahrhundert teils überwachsen und zugeschüttet war. Erst in den Fünfzigerjahren wurde die Burg freigelegt und gesichert.

Eine verwunschene Allee voll stiller Schönheit führt zur 25 Kilometer nördlich von Thorn gelegenen Komtursburg Bischöflich Papau (Papowo Biskupie).

Die Burg von Bischöflich Papau war die einzige vollständig aus Feldstein errichtete Ordensburg. Baubeginn war um 1275. Obwohl die Burg sehr schlicht wirkt, war sie doch voll künstlerischer Phantasie gestaltet, wie die Stirnseite des Kapitelsaals mit dem Schildbogen zeigt. Nach dem Dreizehnjährigen Krieg (1453–1466) wurde sie von den Polen, in deren Hände sie gefallen war, abgebrochen.

Die Burg Gollub (Golub) wurde nach dem Ersten Weltkrieg von den Polen, denen Westpreußen zugesprochen war, originalgetreu wiederaufgebaut. Grund dafür war, dass hier lange nach dem Ende des Ordensstaates zeitweilig Anna Wasa (Ważowa) lebte, die Schwester des polnischen Königs Sigmund III. Wasa. Von 1611 bis 1625 war sie Starostin (eine Art Bürgermeisterin) von Gollub. Sie ließ damals die Burg zu einem heiteren Renaissanceschloss umgestalten, das dann auch das Vorbild zum Wiederaufbau nach 1920 wurde – keineswegs wollte man die düstere Ordensburg der alten Feinde, dem Deutschen Orden, wiederherstellen.

Im Burghof von Gollub. In der Burg selbst gibt es ein kleines Museum mit gotischem Interieur.

Abgesehen von Fundamentresten blieb von der Ordensburg von Strasburg (Brodnica) in Westpreußen – 65 Kilometer nordöstlich von Thorn – nur der 55 Meter hohe Bergfried; er ist der höchste Turm aller Ordensburgen, mit einer strategisch bedeutsamen weiten Fernsicht über die flache Landschaft. Der Turm ist oben achteckig, unten sechseckig. Anna Wasa ließ auch die Strasburger Burg, in der sie sich überwiegend aufhielt, im Renaissancestil umgestalten. Doch nachdem die Region 1772 preußisch wurde, brach man die Burg ab.

Seite 60/61:
Der Dom von Frauenburg (Frombork) gilt als kunsthistorisch bedeutsamster Kirchenbau des früheren Ordenslandes, erbaut 1329 bis 1388. Vom Glockenturm aus ist die Lage der Kirche zusammen mit der Bischofsburg des Bistums Ermland auf einem 25 Meter hohen Hügel am Saum des Frischen Haffs zu erkennen. In der Kirche wurde 1543 Nikolaus Kopernikus beigesetzt, dessen Grab vor Kurzem wieder aufgefunden wurde, nachdem seine Lage gut 450 Jahre vergessen war. Die Baumeister, beeinflusst von der Baukunst des Zisterzienserordens, ließen bewusst gemäß der Statuten dieses Ordens den Glockenturm weg. Der Domberg ist stark befestigt.

Der 1536 entstandene, achteckige Glockenturm steht getrennt von der Kirche in der Südostecke der Anlage von Frauenburg (Frombork). Später erhielt er eine barocke Haube. Von ihm genießt man einen der schönsten Blicke des alten Ordenslandes.

Rechte Seite:
Der Frauenburger Dom wurde prunkvoll ausgestaltet. Viel von seiner mittelalterlichen Ausstattung ging allerdings in den schwedischen Kriegen im 17. Jahrhundert verloren.

Bis 1360 befand sich in Braunsberg (Braniewo) ein Sitz der ermländischen Bischöfe. Doch ist von der Bischofsburg (gebaut 1320–1330) nur noch ein abseits stehender, maroder Torturm erhalten. Das Bild zeigt den umgebauten Pulverturm der früheren Stadtbefestigung, vor ihm ein Denkmal von Regina Protmann, einer Braunsberger Bürgertochter des 16. Jahrhunderts, die die Gründerin eines karitativen Frauenordens war.

Das typische niedrige Feldsteinfundament einer Ordensburg zeigt auch die Burg von Hohenstein (Olsztynek), die heute als Schule genutzt wird. Die Burg war nach 1350 erbaut und blieb Sitz der regionalen Verwaltung auch nach dem Ende des Ordensstaates. Beim Umbau 1849 zu einem Gymnasium wurden leider alle Innenmauern aus der Ordenszeit entfernt und ein ganz neuer Raumplan geschaffen.

Nur einige wenige Außenteile sind von der Burg von Stuhm (Sztum), südlich von Marienburg, erhalten, die im 18. und 19. Jahrhundert abgebrochen beziehungsweise umgebaut wurde. Auf dem Burggelände besteht seit Kurzem ein Kulturzentrum, wo alljährlich die „Allgemeinpolnische Gefängniskunstschau" mit Werken in Polen einsitzender Strafgefangener gezeigt wird.

Prägendes Backsteinrot – die Burgenarchitektur

Mitte:
Im Innenhof der Bischofsburg in Allenstein (Olsztyn), mit deren Bau gegen 1375 begonnen wurde, steht eine sogenannte „Babe“, eine kleine Steinfigur der Pruzzen; ihre Bedeutung ist bis heute unklar.

Selten konnte eine bestimmte Bauform so sehr das Antlitz einer Landschaft prägen und sie symbolisieren, wie es die backsteinroten Ordensburgen in den ehemaligen Ordensländern an der Ostsee tun. Einerseits gibt es diese Burgen nur in diesem Gebiet, doch kommt es vielleicht auch daher, dass die große Zahl an Ordensbauten, ganz im Gegensatz zu süddeutschen Burgen, so gleichartig wirken. Aber das gilt nur für den ersten Blick. Keine Burg ist letztendlich mit einer anderen identisch, in der Variationsfülle der architektonischen Details hatten ihre Erbauer eine unerschöpfliche Phantasie. Überall bleibt ein Eindruck künstlerischer Vollendung und Geschlossenheit. Und dabei ist kein einziger Architekt durch die lange Ordensgeschichte hindurch namentlich bekannt, sei es bei der ersten, 1231 in Thorn erbauten Burg oder der letzten, der von Lyck (Ełk) in Masuren aus der zweiten Hälfte des 14. Jahrhunderts.

Von den frühesten Ordensanlagen aus der Zeit zwischen 1230 und 1270, die überwiegend aus Holz gebaut waren, ist nichts erhalten. Spätere Burgen wurden in Backsteinbauweise errichtet. Der endgültige, typische Baustil formte sich zwischen 1270 und 1320 heraus. Die Tonvorkommen des Tieflands lieferten für die Bauten des Ostseeraums den reichlich vorhandenen Rohstoff zur Ziegelgewinnung. Man hat ausgerechnet, dass für eine typische Komtursburg mit den Wehrmauern im Durchschnitt fünf Millionen Ziegel (damaliges Maß 9 mal 15 mal 32 Zentimeter) verbaut wurden. Im 15. und noch Anfang des 16. Jahrhunderts ist nach den jeweiligen Erfordernissen der Verteidigung oder des Geschmacks des amtierenden Komturs nur noch umgestaltet und vergrößert worden, wobei die Grundform bestehen blieb. Komturs- und Bischofsburgen unterschieden sich dabei stilistisch zu keiner Zeit.

Die Burg von Fellin (Viljandi) im heutigen Estland besitzt für die Ordensgeschichte große Bedeutung. Hier kam Landmeister Johann von Fürstenberg während des russischen Einfalls in Livland 1560 in russische Gefangenschaft und kam nicht mehr frei, womit das Ende des livländischen Ordenslandes eingeleitet wurde.

Einzigartig und modern

Die Burgenbauer verstanden ihre Schöpfungen aber in erster Linie als militärische Zweckbauten, und so erinnern sie nicht von ungefähr an römische Kastelle. Ihr Grundschema ist einfach: Zentrum ist das im Allgemeinen viereckige Haupthaus oder Konventshaus beziehungsweise Hochschloss mit einem großen Innenhof und vorgelagerter Vorburg. Seine Ecken sind meist durch überhöhende Türme

Links:
Ganz im Osten des alten livländischen Ordensstaates, kurz vor der heutigen weißrussischen Grenze, liegt in der abgeschiedenen Landschaft Lettgallens die malerische Ruine Ludsen (lettisch Ludza). Die 1399 von den Schwertbrüdern errichtete Burg wurde in den Nordischen Kriegen zu Beginn des 18. Jahrhunderts zerstört. Unweit steht die 1843 errichtete orthodoxe Kirche von Ludza.

Unten:
Am Ufer des lettischen Flusses Aa steht etwa 50 Kilometer nordöstlich von Riga die Bischofsburg Treiden (Turaida), errichtet nach 1214. Die Burg wurde dreimal zerstört: 1559 von den Russen, 1561 von den Polen und 1601 von den Schweden. Sie blieb bewohnt bis 1776, dann brannte sie ab, nur der Turm blieb stehen. Während der Sowjetzeit wurde von 1953 bis 1988 die ganze Anlage originalgetreu rekonstruiert – so, wie sie in der Ordenszeit bestand.

betont, wobei ein zusätzlicher, oft freistehender Wartturm das ganze Geviert überragte. Ursprünglich hatte das Hochschloss keine direkten Anbauten, jedoch wurden in der Spätphase des Ordenslandes oft solche angefügt. Die besonders prächtige und komplexe Form der Marienburg ist hierbei ihrem Ausbau als Hochmeistersitz nach 1309 zuzuschreiben, ebenso der Umbau der Königsberger Burg nach 1457, als dort der Hochmeister zu residieren begann.

Das Erdgeschoss des Haupthauses diente eigentlich nur wirtschaftlichen Zwecken: Küche, Vorratsräume und dergleichen. Hier war sowohl die Wohnstatt der Diener als auch der Aufbewahrungsort der Waffen. Der Innenhof zeigte an den Wohnflügeln meistens eine zweistöckige gewölbte Galerie, die mit ihren Pfeilern ganz bewusst an einen klösterlichen Kreuzgang erinnern sollte.

Im ersten Obergeschoss befanden sich in den einzelnen Gebäudeflügeln die Wohnungen der Ordensritter: ein gemeinsamer Schlafsaal, der Kapitelsaal (in dem man sich zu Beratungen traf), die oft mit Wandmalereien geschmückte Burgkapelle und der Remter, ein lichtdurchfluteter Prunkraum, in dem man unter anderem Gäste empfing. Ganz

modern war für diese Zeit, obwohl aus der Antike stammend, die Heizmethode: Zwei übereinanderliegende Gewölbe, je etwa von der Größe eines Backofens, befanden sich jeweils unter dem zu heizenden Raum. Eine Feuerung im unteren beheizte durch einige Öffnungen das obere, in dem eine große Zahl von Steinen lagerte. Von hier stieg die erhitzte Luft durch verschiedene Kanäle beziehungsweise Hohlziegel nach oben und wurde dabei insbesondere in die Fußböden geleitet.

Wundervolle Raumwirkungen zeigten alle Räumlichkeiten des ersten Obergeschosses einer Ordensburg. Dies war nur aufgrund der hoch entwickelten Gewölbetechnik des Ordens möglich. Am schönsten sieht man es an den Remtern im Hochmeisterpalast der Marienburg. Ein einzelner Pfeiler trägt die ganze Wucht der von den Wänden zur Mitte strebenden Decke.

Mitte:
Die Komtursburg von Ragnit (russisch Neman). Dieser Punkt, an der Nordflanke des Ordenslandes, war stets von größter strategischer Bedeutung. Nachdem ein älterer Bau mehrmals von den Litauern zerstört wurde, entstand zwischen 1397 und 1409 eine der spätesten Burganlagen des Landes. Nikolaus Fellenstein, der Meister der Marienburg, war auch hier am Bau beteiligt. Wegen ihrer vorgeschobenen Position erfüllte sie eine besondere repräsentative und ideologische Funktion und wurde daher besonders großzügig angelegt, wenngleich verhältnismäßig schmucklos.

Prächtige „Danzker"

Das zweite Obergeschoss wies Wehrgänge zur Verteidigung auf, daneben befanden sich hier oft zusätzliche Speicherräume. In dieser Etage hatten die Außenmauern eine Breite von zwei bis drei Metern. Die Außenmauern waren von den tiefen Fenstern der Räume des ersten Obergeschosses durchschnitten, während die Fenster des Erdgeschosses nur kleine Nischen waren. Die Frontseite des Haupthauses wies eine große Nische auf, in der sich das Tor, mit einigen kleinen Fenstern darüber, befand. Größeren Burganlagen war im Allgemeinen ein sogenannter Danzker vorgebaut, die Ordenstoilette. Der meist turmähnlich über einem fließenden Gewässer freistehende Danzker war über einen Bogengang mit dem Haupthaus verbunden. Oft wurde der jeweilige Bach künstlich herangeleitet. Man nahm die Hygiene ernst und baute den „Abort" abseits der Wohn- und Küchenräume. Der Name „Danzker" (= Danziger) stammt aus der ersten Hälfte des 15. Jahrhunderts, aus der Zeit der inneren Kämpfe des Ordenslandes. Nachdem die Stände

Rechts:
Die größte Toilettenanlage des Mittelalters: der Danzker von Marienwerder. Weit löst er sich über geschwungenen Bögen von der Burganlage ab – architektonisch ungewöhnlich, doch sehr wirkungsvoll.

Links:
Eine der schönsten Bischofsburgen des Ermlands ist die von Rößel (Reszel), die hoch auf einem Bergvorsprung thront, doch zur Stadt hin direkt zugänglich ist und somit auch als Wehranlage diente. Gegen 1370 vollendet, blieb sie die Jahrhunderte hindurch unzerstört.

Unten:
Die Bischofsburg Schönberg (Szymbark), nordwestlich von Deutsch Eylau (Iława), gehörte dem Bistum Pogesanien. Sie war mit den Maßen von 97 mal 72 Metern eine der imposantesten Ordensburgen und besaß neun Türme. Bis 1945 war sie vollständig erhalten und bewohnt. Sie fiel dann den Zerstörungen der ersten Nachkriegszeit anheim, wobei ein Versuch des Wiederaufbaus Ende der Achtzigerjahre bald aufgegeben wurde.

und Bürger Danzigs begannen, den Orden zu bekämpfen, und sich später sogar unter polnische Hoheit stellten, wurden alle Latrinen – um die Danziger zu schmähen – mit diesem Namen versehen. Neu zu bauende Toiletten wurden sogar direkt in die geografische Richtung Danzigs ausgerichtet. Der prächtigste aller Danzker ist der von Marienwerder.

Die stark befestigte Vorburg schützte den Zugang zum Hochschloss. Von diesem war die Vorburg oft durch einen Graben getrennt. Zwischen dem Graben und der Hochburg war eine etwa 6 bis 9 Meter breite Erdterrasse aufgeschüttet, der sogenannte Parcham, ebenfalls zur weiteren Verteidigung. In der Vorburg befanden sich weitere Wirtschaftsgebäude, Stallungen und oft auch eine Mühle. Außerdem wurden teilweise künstliche Fischteiche angelegt.

Die besondere, einzigartige Staatsform des Ordenslandes spiegelt sich in seinen Bauten wider: Es sind Burgformen, die es nur in diesem Land gegeben hat und nur dort noch gibt. Die gotische Baukunst des Ordens war ohne Vorbild und blieb mit dem Untergang des Ordenslandes ohne Nachfolge.

Links:
Die tief heruntergezogenen Gewölbe und die sehr niedrigen Pfeiler der Wirtschaftsräume im Erdgeschoss der Bischofsburg Heilsberg (Lidzbark Warmiński) bewirken einen gewaltigen Eindruck.

Das Rathaus von Preußisch Holland (Pasłęk) im sogenannten Oberland, 25 Kilometer südöstlich von Elbing. Holländische Fachleute, die angesiedelt wurden, um die Niederungsgebiete trockenzulegen, gründeten um 1290 die Stadt. Der gotische Bau erhielt in der Renaissancezeit einen veränderten Giebel.

Das Innere der Bartholomäuskirche von Preußisch Holland (Pasłęk). In diesem Gotteshaus sind 1635 die Friedensbedingungen des ersten Schwedisch-Polnischen Krieges ausgehandelt worden, nachdem die Schweden große Teile des polnischen und des herzoglichen Teils des alten Ordenslandes erobert hatten.

Rechte Seite:
Die Komtursburg von Preußisch Holland (Pasłęk) wurde um 1320 errichtet, jedoch 1521 im letzten Krieg des Ordens mit Polen zerstört. Ungewöhnlich für eine Burg im Ordensland, liegt sie hoch auf einer Erhebung und war daher stärkst befestigt. Wiederhergestellt diente sie im 17. und 18. Jahrhundert als Gefängnis, wurde 1945 schwer zerstört und nur zaghaft und in Teilen wiederaufgebaut. Das Bild zeigt das nahe der Burg gelegene Mühlentor, eines der zwei erhaltenen Stadttore.

Die Burg von Neidenburg (Nidzica), war keine Komtursburg, sondern nur der untergeordnete Sitz eines Pflegers. Sie liegt ganz im Süden des alten Ordenslandes, majestätisch hoch über der Stadt und ist wegen der Grenzlage zum polnischen Masowien bewusst mit großer Pracht ausgeführt worden. Der Bau von 1400/1410 zählt zu den spätesten seiner Art.

Im masurischen Ortelsburg (Szczytno) stehen auf einer schmalen Landenge zwischen dem Kleinen und dem Großen Haussee die spärlichen Reste einer Pflegerburg, die wegen der Nähe zu Masovien sehr ausladend ausgeführt war, doch – wie die Feldsteine zeigen –, architektonisch schlicht gehalten war. Stadtgründer Ortulf von Trier, der dem Ort auch den Namen gab, ließ die Burg zwischen 1350 und 1360 erbauen. Im 17. Jahrhundert wurde sie abgebrochen, nur das Haupthaus ließ man stehen. Nach dessen Zerstörung 1945 sind nur noch Mauerreste vorhanden.

In den Ruinen der Burg Ortelsburg erinnern Holzplastiken polnischer Kämpfer des 14. Jahrhunderts an vergangene Zeiten.

Der Kleine Haussee bei Ortelsburg in Masuren liegt unweit der Ruine der Pflegerburg.

Berühmte Hochmeister

Mitte:
Im Hof des Mittelschlosses der Marienburg wurde Ende des 19. Jahrhunderts eine Statuengruppe vier bedeutender Ordensmeister aufgestellt.

Unten:
Hermann von Salza war Ordenshochmeister zwischen 1209 und 1239 und einer der größten Staatsmänner des Mittelalters. In seiner Epoche begann der Deutsche Orden, auf Bitten des polnischen Herzogs Konrad von Masowien, die Landnahme im Pruzzengebiet.

Unten rechts:
Siegfried von Feuchtwangen war von 1303 bis 1311 Ordensmeister. Unter seiner Ägide wurde der Hochmeistersitz von Venedig auf die Marienburg verlagert. Hundert Jahre vor der Schlacht von Tannenberg war diesem Hochmeister schon bewusst, dass der Orden in Polen einen unversöhnlichen Feind besaß.

Von 1198, dem Jahr der Statutenverleihung, bis zum Jahr 1525, mit dem der Ordensstaat zu Ende ging, standen dem Deutschen Ritterorden 37 Hochmeister vor. Nicht alle konnten das wichtige Amt der Aufgabe gemäß erfüllen und einige hatten ausgesprochenes Unglück. Ulrich von Jungingen (geboren 1360) kämpfte im Juli 1410 in der Schlacht von Tannenberg gegen Polen und Litauer. Die Schlacht wurde nicht gewonnen, er fiel. Allerdings erwies ihm der polnische König die besondere Ehre einer würdigen Beisetzung in der Marienburg. Auch Ludwig von Erlichshausen (im Amt seit 1450) war glücklos. 1457 warfen ihn Söldner aus der Marienburg hinaus, da er ihnen den Lohn nicht zahlen konnte, und verschacherten die Burg an den Polenkönig. Ludwig floh nach Königsberg, wo er 1467 als gebrochener Mann starb. Doch einige der Ordensmeister waren außerordentlich bedeutende Männer.

Wahrscheinlich die größte Erscheinung unter allen Hochmeistern ist der zeitlich vierte: Hermann von Salza (geboren um 1165), Diplomat und Staatsmann von überzeitlichem Format. Er war politischer Berater von Kaiser und Papst im für beide politisch so schwierigen ersten Viertel des 13. Jahrhunderts und unter seiner Ägide begann der Ritterorden seine Missions- und Kolonisierungsarbeit im Pruzzenland. Allerdings hat er dieses selbst nie betreten. Der bedeutende Politiker – er war seit dem Jahre 1209 Hochmeister – starb 1239 im italienischen Salerno und ist in der Ordenskirche von Barletta beigesetzt.

Siegfried von Feuchtwangen, der 15. Hochmeister, war von 1303 bis 1311 im Amt. In seiner Epoche erfolgte die Verlegung des Hochmeistersitzes von Venedig auf die Marienburg, deren Ausbau von einer bloßen Komtursburg zu der prachtvollen Anlage, wie sie heute wieder besteht, von ihm initiiert wurde. Er liegt im Dom von Kulmsee (heute Chełmża) begraben. Am Friedländer Tor in Königsberg befindet sich eine wiedererrichtete Figur Siegfrieds, der ein Modell der Marienburg in seinen Händen hält.

Winrich von Kniprode (um 1310–1382) war der 22. Hochmeister und ist neben Hermann von Salza wahrscheinlich der bekannteste. Seine dreißigjährige Regierungszeit gilt als die größte Blütezeit des Ordensstaates.

Er modernisierte die Verwaltung des Ordenslandes, deren Kernrichtlinien später vom Herzogtum sowie vom Königreich Preußen übernommen wurden und so auch heute noch bestehen.

Albrecht von Ansbach-Brandenburg (1490–1568) war der letzte Hochmeister im Ordensland. Zwar blieb ihm nach seinen ersten zehn Amtsjahren nichts anderes übrig, als den Ordensstaat wegen des außen- und innenpolitischen Drucks aufzulösen. Denn das polnische Heer hätte nach dem 1521 verlorenen „Reiterkrieg" das Land im Handstreich nehmen können und auch der gerade aufgekommene Protestantismus infiltrierte den starren Dogmatismus des Ordens. Doch leistete er als Herzog des nun weltlichen Preußens in einer friedensreichen, über 40-jährigen Regierungszeit Großes: Er gründete 1544 unter anderem die Königsberger Universität und leitete nach der Kolonisation des 13. Jahrhunderts eine weitere Phase der Kolonisierung des Landes ein, in welcher der östliche Teil des Landes mit seinen undurchdringlichen Wäldern gerodet wurde. Neue Ansiedlungen entstanden mit einem Zuzug von Bürgern, Bauern, Handwerkern – sogar aus Polen. Albrecht kann man daher mit Recht als den „Vater Preußens" bezeichnen. Bronzestatuen dieser vier Hochmeister stehen im Hof des Mittelschlosses der Marienburg.

Unter Winrich von Kniprode, der von 1352 bis 1382 Hochmeister war, stand das Ordensland im Zenit seiner Macht und seiner Ausdehnung.

Albrecht von Brandenburg-Ansbach war zwischen 1511 und 1525 der letzte Hochmeister des Ordens im Ordensland. Er widmete den geistlichen Staat in ein weltliches Herzogtum um, das er noch bis 1568 regierte. Seine Regierungsepoche nach 1525 gilt als goldenes Zeitalter des Friedens und der Wissenschaft.

Linke Seite:
Der Bergfried der Allensteiner (Olsztyn) Bischofsburg mit seinem ungewöhnlichen quadratischen Sockel und dem runden Aufsatz wurde um 1340 erbaut.

Der Nordflügel der Bischofsburg in Allenstein wurde 1373 vollendet. Hier residierte im ersten Viertel des 16. Jahrhunderts Nikolaus Kopernikus. Im Hof steht die mysteriöse Steinfigur der „Babe", eines der ganz wenigen originalen Relikte der pruzzischen Kultur.

Blick von der Allensteiner Burg über die Altstadt zur Jakobikirche mit ihrem 67 Meter hohen Turm von 1596. Berühmt ist die 1315 vollendete Kirche durch ihr großartiges Netz- und Sterngewölbe. Sie überstand die Feuersbrünste und Kriege der Jahrhunderte weitgehend unbeschädigt.

Im Nordflügel der Allensteiner Burg ist das ermländische Regionalmuseum eingerichtet. Es beherbergt auch sehenswerte Kunstwerke von außerhalb der Ordenszeit.

Im Kreuzgang der Allensteiner Burg kann man noch heute eine astronomische Tafel von Kopernikus besichtigen, die er während seiner Zeit als Verwalter der Burg an die Wand malte.

Ganz links:
Die 150 Zentimeter hohe Babe aus dem Hof der Allensteiner Burg wurde in der Gegend von Barten (Barciany) gefunden. Nur zwei solcher originaler Relikte der pruzzischen Kultur sind erhalten. Doch nie wurde geklärt, was sie darstellen. Ist die Babe ein Mann oder eine Frau? Was für ein seltsames Horn hält sie in ihrer rechten Hand?

Links:
Nikolaus Kopernikus (1473–1543) begegnet dem Besucher im Ermland und in Westpreußen auf Schritt und Tritt. Eine sehr schöne, lebensgroße Statue von ihm steht an der Brücke zur Bischofsburg.

Verschwundene Burgen

Nur ganz wenige Ordens- und Bischofsburgen sind als Ganzes erhalten geblieben. Einige haben bereits die Kriege des 15. Jahrhunderts nicht überlebt, andere sind nach dem Ende des Ordenslandes allmählich verfallen und wurden irgendwann vollends abgetragen. Eine Burg erlitt das besondere Schicksal, nach dem Zweiten Weltkrieg aus ideologischen Gründen vollkommen zu verschwinden.

Eine der bedeutsamsten der zur Gänze nicht mehr bestehenden Burgen war die in Danzig. Mit ihrem Bau begann Komtur Winrich von Kniprode, der spätere Hochmeister, im Jahre 1338, nachdem ein hölzerner Vorläuferbau nicht mehr zweckdienlich war. Die Burg befand sich am linken Mottlau-Ufer, zwischen dem späteren Fischmarkt (heute Targ Rybny) und dem Speicher in der Burgstraße (heute Grodzka). Kenntnisse über ihr Aussehen gibt es kaum. Die wenigen Fundamentreste und Nachrichten über den Bau lassen die Vermutung zu, dass es sich um ein quadratisches Kastell mit etwa 50 Metern Seitenlänge handelte, das von einer Vorburg sowie einem Wassergraben umgeben war. Innerhalb der bürgerkriegsähnlichen Zustände, die im Ordensland nach der verlorenen Schlacht von Tannenberg 1410 einsetzten und ihren Höhepunkt um die Mitte des Jahrhunderts erreichten, kam es dazu, dass Bürger, Städte und Stände nach und nach vom Orden abfielen und sich teilweise sogar mit Polen verbündeten. Während die Burg in Thorn 1454 gestürmt und zerstört wurde, erfolgte in Danzig eine friedliche Übergabe. Der Orden erhielt freien Abzug, doch trug man bald darauf die Burg ab. Danzig stellte sich in jenem Jahr unter die Schutzhoheit Polens, in der es bis 1793 verblieb. Doch sollte der polnische König sich nicht in der Burg festsetzen dürfen. Nur ein Türmchen der äußeren Befestigung blieb stehen. Dieses, später Schwanturm (Baszta Łabędz) genannt, existiert noch am Fischmarkt.

Mitte:
Nur die kümmerlichen Relikte des Burgwalls, kaum im Gelände auszumachen, und einige Mauerreste künden auf der estnischen Insel Saaremaa (deutsch Ösel) von der Burg Soneburg (estnisch Maasilinn). Der Orden verkaufte die Burg 1564 an Dänemark. Die Dänen nutzten sie nicht und brachen sie 1576 im Krieg mit Schweden ab, damit sie der Gegner nicht nutzen konnte.

Rechts:
Ein Gedenkstein erinnert am Burgwall der verschwundenen Burg Muhu (Muhu maalinn) an die bewegte Geschichte dieses Orts im Mittelalter.

Das Haupthaus der Komtursburg Insterburg (heute russisch Tschernjachowsk). 1337 errichtete man hier, weit im Osten des damaligen Ordenslandes, nahe der „Großen Wildnis“, einem undurchdringlichen Waldgebiet, das das Land vor feindlichen Übergriffen schützte, diese Burg. 1945 brannte das Haupthaus ab und ist seither Ruine.

Kaum einen Stein findet man mehr von der Burg Lochstädt am Frischen Haff, etwa 40 Kilometer westlich von Königsberg. Die nach Ende der Ordenszeit aufgegebene Burg wurde am Anfang des 18. Jahrhunderts wegen der Gewinnung von Baumaterial für die Festung Pillau teilweise abgebrochen. In den Kämpfen Anfang 1945 wurde die Burg, deren Haupthaus bis dahin noch stand, völlig zerstört und ihre Steine dann abtransportiert.

Das Innere der Burgkapelle von Lochstädt, wie sie bis 1945 noch bestand. Auffallend ist die Dreigliederung des Chorgewölbes.

Verlorene strategische Stützpunkte

Die beiden nördlichsten Burgen des Ordenslandes, Memel (Klaipėda) und Tilsit (Sowjetsk), sind ebenfalls völlig dem Erdboden gleichgemacht. Die Memeler, erbaut 1252, überwachte den Ausgang des Kurischen Haffs zur Ostsee hin. Sie hatte eine große zusätzliche Bedeutung, da sie Stützpunkt für die Eroberung von Schamaiten war, einer östlich gelegenen pruzzischen Stammesprovinz. Auch von dieser Burg liegen nur wenig Informationen über ihr Aussehen vor, weil sie im 18. Jahrhundert in die Befestigungsanlage der preußischen Festung Memel mit einbezogen und dabei teils abgerissen, teils völlig umgebaut wurde. Die Festung Memel wurde gegen 1890 dann komplett abgetragen. Ein flacher, grasbewachsener Hügel unweit der Fußgängerfähre zur Nehrung zeigt die einstige Lage der „Mümmelburg“ an.

Eine große strategische Bedeutung hatte die Burg Lochstädt, knapp 40 Kilometer westlich von Königsberg am Frischen Haff gelegen. Um 1270 erbaut, bewachte sie die Einfahrt von der Ostsee in das Frische Haff. Zu trauriger Bekanntheit geriet sie als letzter Aufenthaltsort von Hein-

rich von Plauen, der 1410 Verteidiger der Marienburg war, aufgrund von Intrigen ins Gefängnis geworfen wurde und hier 1429 als Verbannter starb. Ihr größter Teil wurde zu Beginn des 18. Jahrhunderts abgetragen und die Steine zum Bau der nahen Festung Pillau (Baltijsk) verwendet. Ein kleiner Teil blieb erhalten. Im April 1945 wurde dort eine Flakstellung eingerichtet, was zur Folge hatte, dass die Anlage während der Kämpfe vollständig zerstört wurde. Wiederholt wurde in der Nachkriegszeit in den Kellern nach dem Bernsteinzimmer gesucht. Die inzwischen überwucherten Grundmauerreste findet man mit einiger Mühe, wenn man an der Kontrollstelle bei der Einfahrt ins Pillauer Sperrgebiet nach links durch den Wald Richtung Haff geht.

Mitte:
Der Komplex des Königsberger Schlosses von Nordwesten. Zwei Renaissance-Rundtürme flankieren die Schlosskirche. Der Schlossturm erhielt seine letzte Form erst gegen 1890. Die Kriegsschäden am Schloss waren nicht so groß, dass ein Wiederaufbau schwer gewesen wäre, doch ließen die Moskauer Machthaber die Ruine 1968 abtragen. In jüngster Zeit wurden die Fundamente der Schlosskirche freigelegt und eine archäologische Bestandsaufnahme begonnen.

Burg Königsberg

Der größte architektonische wie kulturhistorische Verlust ist jedoch der der Königsberger Burg. Ursprünglich als hölzernes Kastell auf den Fundamenten der zerstörten pruzzischen Fliehburg Tuwangste errichtet, war sie als Steinbauwerk um 1290 vollendet. Sie war zahllosen Umbauten und Erweiterungen ausgesetzt, insbesondere nach 1457, als der Hochmeister hier seinen Sitz nehmen musste. Herzog Albrecht baute sie nach 1525 zu einer prächtigen Renaissance-Residenz aus. Blasius Berwarth errichtete 1584 die Schlosskirche. In ihrem Obergeschoss befand sich der später sogenannte Moskowitersaal. Mit Ausmaßen von 83 mal 18 Metern galt er bis 1945 als größter historischer Saal Deutschlands. Mit der Königsberger Krönung Friedrichs I., des ersten preußischen Königs, wurde das Schloss 1701 in prunkvoller barocker Weise erweitert. Friedrich plante einen gewaltigen Bau, der aber zu seinen Lebzeiten nicht abgeschlossen wurde. Nach seinem Tod 1713 wurden alle Baumaßnahmen bis auf weiteres abgebrochen. Seine Nachfolger hatten kein Interesse am Weiterbau. Erst 1810 wurde an der Nordseite ein Neubau für das Oberlandesgericht errichtet. 1866 erhielt als letzte Baumaßnahme der

Rechts:
Das Königsberger Schloss und der Schlossturm von Süden. Aus einer ersten Holzburg entstand nach 1280 eine Steinburg, die in den Jahrhunderten immer wieder ausgebaut und im Stil der jeweiligen Epoche erneuert wurde, insbesondere nach 1457, nach dem Verlust der Marienburg, nach 1525, als das Land weltliches Herzogtum wurde und nach 1701, als hier Friedrich I. zum ersten König Preußens gekrönt wurde.

Links:
Die Ostansicht des Königsberger Schlosses zeigt den achteckigen Haberturm, der aus dem 14. Jahrhundert stammt. Deutlich erkennt man am ganzen Bau architektonische Elemente aus verschiedenen Stilepochen.

Unten:
Vom Hof aus blickt man in dieser historischen Aufnahme auf einen Teil des Nordflügels des Königsberger Schlosses, das ehemalige mittelalterliche Vorburghaus. In diesem Trakt befand sich im Keller bis zum Kriegsende das berühmte Weinlokal „Blutgericht“.

Oben links:
Im Nordflügel des Königsberger Schlosses befand sich der Remter. Auffallend sind die verhältnismäßig geringe Raumhöhe und die schweren Rippen des Kreuzgewölbes.

Renaissance-Schlossturm eine neugotische Spitze. Die reiche Geschichte des Landes spiegelte sich in den verschiedenen architektonischen Stilen der einzelnen Schlossteile eindrucksvoll wider.

Im Schloss befanden sich bis 1945 unter anderem die Prussia-Sammlung mit Exponaten zur Volkskunde und Vorgeschichte des Landes sowie die Städtischen Kunstsammlungen, außerdem zog 1941 das aus Puschkin (Zarskoje Selo) bei Petersburg abtransportierte Bernsteinzimmer hier ein – zu seinem letzten nachgewiesenen Standort. Die Bombenangriffe 1944 wie auch der Endkampf um Königsberg zerstörten das Schloss nur teilweise. Über zwanzig Jahre stand es als mahnende Erinnerung in der zerfurchten Stadtlandschaft Königsbergs. 1968 entschied sich die sowjetische Führung dann zum vollständigen Abriss. Es wurde als stärkstes Symbol des preußisch-deutschen Militarismus gesehen, in dem mit der Königskrönung Friedrichs I. der Staat Preußen geboren wurde.

Eine von Verkaufscontainern überbaute Stadtwildnis, gesäumt vom nie bezogenen Block des „Hauses der Räte“ bezeichnet in Kaliningrad jenen Punkt, an dem neben dem in Berlin und Potsdam das dritte der verschwundenen großen Hohenzollernschlösser stand. Das in Königsberg, zunächst nur Ordensburg, war die Keimzelle des Königreichs Preußen und damit die Stelle, von der Deutschland erwuchs. Schicksalhaft ist hierbei, dass dieser Ort zu einer Brache wurde, weit außerhalb des heutigen Deutschlands liegt und nur schwer zu erreichen ist.

Heilsberg (Lidzbark Warmiński). Die Bischofsburg (vollendet 1400) überstand den Krieg fast unbeschädigt, während von dem Städtchen nur wenige Altbauten übriggeblieben sind. Der damalige Kronprinz (und spätere König) Friedrich Wilhelm (IV.) rettete die Burg 1836 vor dem Abbruch, nachdem die ermländischen Bischöfe sie verlassen hatten, da sie nach Frauenburg übersiedelt waren und die Burg seither leer stand. Heute befindet sich in der Burg das große ermländische Museum.

Die Heilsberger Burg konnte durch die Zeiten hindurch ihr mittelalterliches Gesicht wahren, da so gut wie keine Umbauten stattgefunden haben. Besonders schön ist der Kreuzgang im Innern der Burg über mehrere Etagen.

Ungewöhnlich ist die komplizierte Gewölbearchitektur der Heilsberger Burgkapelle, sowie die verspielten Rokokoelemente, die so gar nicht in die herbe Ordensarchitektur zu passen scheinen.

Das Burgmuseum in Heilsberg präsentiert unter anderem diese Figurengruppe eines mittelalterlichen Holzaltars.

Seite 86/87:
Eine der schönsten Burgansichten des Ordenslandes zeigt die Bischofsburg Rößel (Reszel), die auf das 13. Jahrhundert zurückgeht. Bergfried, Torturm und der schmale Turm der bis 1945 evangelischen Kirche, die nach 1822 aus dem Südflügel entstand, bilden ein einzigartiges Panorama. In dem Südflügel befand sich zwar immer schon die Burgkapelle, doch stammt der Turm mit seinen neogotischen Dekorelementen aus dem ersten Drittel des 19. Jahrhunderts. Stadt und Burg blieben 1945 unzerstört.

GALERIA

Der ganze Zauber Masurens strömt aus dieser Landschaft um das Städtchen Rhein (Ryn).

Um 1360 bis 1370 entstand die rechteckige Pflegerburg von Rastenburg (Kętrzyn). Mehrfach umgebaut im 16. Jahrhundert, wurde sie 1945 schwer beschädigt und vereinfacht wieder aufgebaut. Sie beherbergt heute eine Bibliothek und ein regionales Museum. Deutlich erkennt man den typischen Feldsteinuntersatz.

Unter Hochmeister Winrich von Kniprode entstand gegen 1380 die Komtursburg Rhein (Ryn) in Masuren, damals am Rand der „Großen Wildnis“ gelegen. Sie wurde 1798 umgebaut, dabei ein Salzspeicher angebaut, danach zu einem Gefängnis umgewandelt. 1881, nach einem Feuer, wurde sie neugotisch wiederaufgebaut, wobei leider viel der mittelalterlichen Substanz überdeckt wurde. Heute findet man in ihr ein gediegenes Hotel.

Einer der großen masurischen Seen ist der Löwentinsee (Jezioro Niegocin) bei Lötzen (Giżycko). Er ist bis zu 40 Meter tief, 11 Kilometer lang und bis 5 Kilometer breit.

Linke Seite:
Die Pflegerburg von Barten (Barciany) wurde 1325 gegründet. Heinrich von Plauen, der später berühmte Hochmeister, residierte hier 1402 bis 1406 als Pfleger. Die mehrmals umgebaute Burg brannte im Ersten Weltkrieg aus, wurde wiederhergestellt und nach 1945 von der örtlichen Kolchose genutzt.

Das Ordenshaus von Lötzen (Giżycko) wurde um 1380 ganz am Ostsaum des Ordenslandes zur Grenzsicherung gegen Litauen erbaut. Der dreigeschossige Bau besitzt das seltene architektonische Element der Strebepfeiler an den Kanten. Die ebenso seltenen Renaissancegiebeln stammen von einem Umbau 1560, als Herzog Albrecht die Kolonisation auch in der Region um die Große Wildnis begann, da nach dem Krakauer Frieden 1525 nun Litauer und Polen zunächst keine Feinde des Landes mehr waren.

DIE BURGEN IM KALININGRADER GEBIET

Mitte:
Die Komtursburg von Labiau (russisch Polessk) am Südsaum des Kurischen Haffs, nahe der Mündung des Flüsschens Deime in das Haff, entstand schon um 1260, um Angriffe der Litauer von der Haffseite aus abwehren zu können. Von der Burg aus wurden wegen ihrer günstigen Lage am Haff auch Litauerfahrten über das Wasser durchgeführt. 1859 wurde sie Gefängnis. Den Krieg überstand sie unzerstört, wurde aber dann, sowjetrussisch geworden, zu einer Fabrik umgebaut und dabei bis zur Unkenntlichkeit verunstaltet.

Unten:
Am Frischen Haff, etwa 25 Kilometer südwestlich von Königsberg, steht unweit der Mündung des Flüsschens Frisching in das Haff die Komtursburg Brandenburg (russisch Uschakowo), errichtet 1266 von Markgraf Otto III. von Brandenburg, aus dem Geschlecht der Askanier.

Während man die größeren Ordensburgen im südlichen Teil Ostpreußens, der nach 1945 polnisch wurde, meist sicherte, rekonstruierte, in ihnen Museen und Gaststätten einrichtete, erfuhren jene im russischen Teil im Allgemeinen eine gezielte Vernachlässigung, sogar Zerstörung. Das Kaliningrader Gebiet war bis 1991 militärisches Sperrgebiet – Besucher gab es daher keine – warum hätte sich die Verwaltung um sie kümmern sollen? Sehr oft wurden sie daher noch weiter zerstört, um Ziegel für andere, neuere Bauwerke zu gewinnen. Immerhin hat man in der postsowjetischen Ära zumindest Versuche gemacht, die Reste der größten noch vorhandenen Burgen offiziell als Kulturdenkmal zu schützen.

Im Kaliningrader Gebiet sind einige für die Ordensgeschichte bedeutsame Burgen wie Balga (Wesjoloje) nur wenige Kilometer nördlich der Grenze zu Polen gelegen. Hier kamen 1239 die ersten Ordensritter von der Meerseite her im Pruzzenland an und bauten an einem Steilufer oberhalb des Frischen Haffs eine Burg, die den Zugang von der Ostsee kontrollierte. Nach dem Ende des Ordensstaates verfiel sie und wurde schon im 17. Jahrhundert größtenteils abgetragen. Die Kämpfe im Frühjahr 1945 zerstörten sie weiter, doch beeindruckende Reste der Vorburg sind noch vorhanden. Balga, tief im Wald gelegen, ist ein mythischer Ort. Von der flachen Küste unweit der Burg suchten 1945 die Menschen die rettende Nehrung zu erreichen. Wo einst die Kolonisierung des Ordenslandes einen ihrer Anfänge hatte, flohen 706 Jahre später die Nachkommen jener Siedler.

BRANDENBURG, INSTERBURG UND GEORGENBURG

Eine beeindruckende Ruine ist die der Burg von Brandenburg (Uschakowo), oberhalb der Einmündung des Frisching ins Frische Haff, südlich von Königsberg gelegen. Der Name zeigt die frühe Verbundenheit des Ordenslandes mit dem Markgrafentum Brandenburg. Der Askanier Otto III., der dem Orden bei einem Pruzzenaufstand zu Hilfe kam, ließ 1266 hier eine erste Holzburg bauen, die die Verteidigung des Landes im Gebiet zwischen Balga und Königsberg

sichern sollte. Steinburg seit 1280, war die Brandenburg die letzten 30 Jahre des 15. Jahrhunderts Sitz des Obersten Spittlers des Ordens. Auch nach dem Ende des Ordensstaates wurde die Burg als Sitz eines Amthauptmanns benutzt, erst gegen Ende des 18. Jahrhunderts zerfiel sie, starke Zerstörungen erlitten die Reste 1945.

Die Brandenburg (russisch Uschakowo) war neben der von Ragnit die größte Komtursburg des Landes. Gegen Ende des 18. Jahrhunderts wurde die Burg nach und nach abgebrochen, das Baumaterial diente später unter anderem dem Wiederaufbau der um 1800 völlig zerfallenen Marienburg. Ein größeres erhaltenes Wirtschaftsgebäude wurde in der Sowjetzeit als Lagerhaus genutzt, seit den Neunzigerjahren verfällt es jedoch rapide.

Etwa 65 Kilometer östlich von Königsberg stehen an der alten Reichsstraße 1, am Abzweig der Fernstraße nach Tilsit die Reste der Pflegerburg Taplacken (russisch Talpaki). Über ihre Entstehungszeit weiß man nichts, erstmals wird sie erwähnt, als sie 1376 von den Litauern bei einem Gegenangriff nach einer Litauerfahrt zerstört wurde. Der Nordflügel ist heute ein verfallendes Wohngebäude, doch lassen sich noch deutlich an den Resten der Außenmauern die einstigen Ausmaße dieser kleinen Landburg erkennen.

Mitte:
Obwohl das Haupthaus der Burg zu Insterburg (russisch Tschernjachowsk) seit 1945 Ruine ist, geben die erhaltenen Wirtschaftsgebäude und die Vorburg einen Eindruck von dieser einst bedeutenden Burg, die neben ihrer Funktion als Ausgangspunkt für die Litauerfeldzüge auch Gästehaus des Ordens war.

Unten:
Die Burg von Preußisch Eylau (russisch Bagrationowsk) ist bis auf die Reste eines großen Wirtschaftsgebäudes völlig verschwunden. Als „Yladia" 1325 gegründet, verfiel sie seit dem 18. Jahrhundert und wurde dann 1945 weiter zerstört.

Die Insterburg in der gleichnamigen Stadt (heute Tschernjachowsk), 90 Kilometer östlich von Königsberg gelegen, wurde um 1335 in Holz und 1380 in Stein errichtet. Von hier aus unternahm der Orden die sogenannten „Litauerfahrten". Denn man sah es als nötig an, die bisher nicht christianisierten Litauer zu missionieren. Diese, äußerst streitbar, schlugen den Orden meist schnell zurück und zerstörten ihrerseits grenznahe Burgen auf Ordensgebiet. Diese Burg blieb bis 1945 vollständig erhalten, beherbergte unter anderem ein Museum, brannte aber im Januar jenes Jahres bei der Einnahme der Stadt aus. Das zerstörte Haupthaus ist heute gesichert, ein Wiederaufbau befindet sich zumindest in der Planung und die erhaltene Vorburg beherbergt ein kleines Museum zur Stadtgeschichte und zeigt Gebrauchsgegenstände aus deutscher Zeit, die man in den Ruinen von Stadt und Burg gefunden hat.

Vergleichsweise gut erhalten ist auch die Georgenburg (Majowka), vier Kilometer nördlich von Insterburg. Sie war eine Burg der samländischen Bischöfe und wurde nach 1385 erbaut. Dort befindet sich auch ein weit über die Landesgrenzen berühmtes Gestüt.

Grosse Umbauten, kleine Ruinen

Die Burg von Tapiau (heute Gwardejsk) überwachte im Pregeltal die strategisch bedeutsame Stelle, an der die Deime nordwärts zum Haff abfließt. Als Steinburg um 1280 erbaut, nahm sie nach 1457 die Bibliothek und das Archiv des Ordens auf. Um 1780 wurde sie zur Landesarmenanstalt umgebaut, dabei in großen Teilen abgerissen und nach 1900 wurde in ihr die Landesirrenanstalt eingerichtet. Heute ist sie ein schwer bewachtes Gefängnis, eines der größten des Gebiets. Bis zur Unkenntlichkeit umgestaltet, beherrscht sie drohend das idyllische Pregel-Deime-Knie.

Als größte Burganlage nach der Marienburg galt die von Ragnit (heute Neman), eindrucksvoll über der Memel gelegen. Die Ordensritter eroberten 1277 die Pruzzenburg Raganita, erbauten wie üblich, zunächst eine Holzburg, die, nahe an der litauischen Grenze gelegen, sehr oft wieder zerstört wurde, bis man 1397 bis 1409 eine Steinburg baute, zusammen mit einem kleinen Ordenshaus im unweiten Tilsit (Sowjetsk). Zu diesem Ausbau zu einer uneinnehmbaren Grenzfestung zog man den Architekten des Hochmeisterpalasts der Marienburg, Nikolaus Fellenstein, hinzu. Nach dem Ende des Ordensstaates diente die Burg als Gefängnis, brannte aber mehrmals ab, wobei die Vorburg nicht mehr aufgebaut wurde. Die Kämpfe um Ostpreußen zerstörten 1945 die Burg Ragnit bis auf die Umfassungsmauern und den Uhrturm. Einsam, allmählich verschwindend, steht das Skelett des Haupthauses am steil zur Memel abfallenden Burgberg, eine der ärmsten Regionen des Kaliningrader Gebiets, in dem für Ausländer ohne Sondergenehmigung nicht zugänglichen Grenzgebiet zu Litauen.

Sehenswert sind natürlich auch die vielen kleinen Ruinen. In die Mauerreste der Burg Taplacken (Talpaki) ist pittoresk ein Wohnhaus eingebaut, ähnlich wie bei der in Schaaken (Nekrasovo). Dagegen ist die schon im 19. Jahrhundert zu einer Fabrik umgebaute große Burg von Labiau (Polessk), die ein Nachschubstützpunkt für die Litauerfahrten war und die Deimeniederung bewachte, nach dem Krieg durch Brand zerstört worden. Deswegen fehlt ihr das oberste Geschoss. Sie ist nicht mehr als Ordensburg zu erkennen. Die Burg von Preußisch Eylau (Bagrationowsk), wo Napoleon 1807 von den Russen vernichtend geschlagen wurde, besteht bis auf ein großes Wirtschaftsgebäude nicht mehr. Dieses sollte um 2001 als Hotel eröffnet werden, doch ging dem Investor das Geld vor der Fertigstellung aus. Das schon installierte elektrische Heizungssystem wie auch die Fenster wurden alsbald von Unbekannten herausgerissen – der Verfall ist inzwischen weit fortgeschritten.

Oben:
Die Zeichen standen gut für die Ruine der Burg von Preußisch Eylau, ein Hotel war geplant, Fenster und Sanitäreinrichtungen wurden installiert sowie Mauern neu eingezogen. Doch das Projekt geriet 2006 aus verschiedenen Gründen ins Stocken, erneut setzte Verfall beziehungsweise Zerstörung am ehemaligen Wirtschaftsgebäude ein.

Links:
Die einst machtvolle Burg in Ragnit (russisch Neman), bei Kriegsende schwer zerstört, verfällt immer mehr. In der heute wirtschaftlich heruntergekommenen Region im Grenzgebiet zu Litauen gibt es sehr viele soziale Probleme. Seit Jahren werden die Ziegel der Burg und von anderen verfallenden Bauwerken im ganzen Kaliningrader Gebiet abgetragen und verkauft.

Seite 96/97:
Nur wenig ist von der Ordensburg Balga (Wesjoloje) geblieben. Am Steilufer des Frischen Haffs, im heutigen Kaliningrader Gebiet gelegen, war sie 1945 heftig umkämpft. Sie entstand nach 1270 auf einem hölzernen, 1239 errichteten Vorgängerbau, der eine der ersten Ordensburgen war. Heute ist Balga ein verwunschener Ort, abseits gelegen und nicht einfach zu finden.

Die Ordensburgen des Baltikums

Die baltischen Ordensburgen befinden sich nur auf den Territorien Lettlands und Estlands, wo einst der livländische Ordensstaat bestand. In Litauen, dem alten Feind der Deutschritter, konnte der Orden natürlich keine eigenen Burgen bauen. Die baltischen Burgen sind bei uns kaum bekannt. Sie sind in viel geringerer Dichte als in Ost- und Westpreußen über das Land verteilt. Keine von ihnen besitzt hierzulande einen Nimbus wie beispielsweise die Marienburg. Die livländischen Kriege im 16., die schwedischen im 17. und die russische Einnahme im 18. Jahrhundert zerstörten das Land und seine Burgen mehr als es in Preußen der Fall war und hinterließen oft nur pittoreske Ruinenreste. Aber dadurch – eingebettet in die wilde, einsame Landschaft des Nordostens, teils direkt am Seegestade liegend – wirken sie umso verzaubernder, berührender und ergreifender.

Obwohl die Bischofsburg von Treiden (lettisch Turaida) keine originale Anlage ist, sondern in den Fünfzigerjahren annähernd originalgetreu wiederaufgebaut wurde, ist sie dennoch wegen ihrer idyllischen Lage im Gauja-Nationalpark und wegen ihres Skulpturengartens und anderer moderner Anziehungspunkte viel besucht.

Oben:
Ein großartiges Panorama bildet Riga, die Mutter aller Seestädte der östlichen Ostsee, von der Westseite der Düna (Daugava) her. Hinter dem gelben Heiliggeistturm befindet sich die Ordensburg, nach einem Bürgerkrieg 1483 zerstört, von der Rigaer Bevölkerung bis 1515 auf Anordnung des Landmeisters wieder aufgebaut. Heute ist es Sitz des lettischen Präsidenten und beherbergt das Museum zur Geschichte Lettlands.

Rechts:
In Windau (Ventspils), in der alten Region Kurland im Westen Lettlands, ist am Fluss Venta in der alten Ordensburg das Stadtmuseum untergebracht. Die Kommende (wie man in Livland die Komtureien nannte) Windau wurde bereits 1291 gegründet und bestand bis zum Ende des livländischen Ordenslandes.

Links:
Schloss Neuenburg (lettisch Jaunpils), etwa 40 Kilometer westlich von Jelgava (deutsch Mitau), ist sicherlich eine der schönsten Burgen in den Ostseelanden. Erbaut 1301, von drei Seiten durch einen Teich und von der vierten Seite durch einen breiten Graben geschützt, ist die Burg zu Beginn des 17. Jahrhunderts im Renaissancestil verändert worden. Doch blieb dabei die mittelalterliche Grundanlage erhalten. 1905, als sich die Letten gegen den deutschen Adel erhoben, wurde die Burg, die damals im Besitz einer Familie von Recke war, schwer beschädigt. Das Burgrestaurant ist heute eines der besten in ganz Lettland.

Die sagenumwobene Burg von Doblen (lettisch Dobele), westlich von Jelgava (Mitau), ist gegen 1260 entstanden. Geheime Gänge und vergrabene Goldschätze sollen sich unter ihr befinden.

In Segewold (lettisch Sigulda) ist die Ordensburg seit dem Nordischen Krieg eine pittoreske Ruine. Sie wurde zwischen 1207 und 1226 als eine der ersten Burgen in Livland errichtet. Das Burggelände dient heute als Freilichtbühne für Mittelalterspektakels und andere Veranstaltungen.

Zwischen den Flüssen Musa und Memele bewachte einst die mächtige Burg Bauska (deutsch Bauske) das südliche Kurland. Die Burg, verhältnismäßig spät in der Mitte des 15. Jahrhunderts errichtet, wird als letzte bedeutende Schöpfung der Ordensarchitekten in Livland betrachtet. Hundert Jahre später, während der Ägide Gotthard Kettlers, des letzten Landmeisters in Livland, wurde die alte Wehrburg im Stil der Zeit umgebaut, doch 1706 während der Nordischen Kriege durch die Truppen Zar Peters des Großen zerstört. Die Lage der Ruine hoch über den Flusstälern macht sie touristisch sehr anziehend. In jedem Sommer finden hier Festwochen für mittelalterliche Musik statt.

Der Schwertbrüderorden

Mitte:
Die mächtige Ostfassade der Burgkapelle zu Segewold (Sigulda) kündet von der kämpfereichen Zeit des Deutschen Ordens in Livland.

Gut 30 Jahre vor der Ankunft der Deutschritter im Pruzzenland begann ein anderer Orden, die Schwertbrüder, seine Arbeit im Gebiet der Liven und Esten, den späteren Ländern Lettland und Estland. Der wahrscheinlich 1202 durch Theoderich von Treiden gegründete Orden entstand auf besondere Anregung des Rigaer Bischofs Albert, der dadurch die bisher wenig erfolgreiche Missionierung jener Völker vorantreiben wollte. Das Wappen des Ordens zeigt ein Kreuz über einem nach unten weisenden Schwert. Die Hierarchie dieses Ordens wies drei Klassen auf: Ritter, Priester und dienende Brüder, und unterschied sich darin vom Deutschen Orden, bei dem die Ritter gleichzeitig Mönche und damit Priester waren.

Schon nach wenigen Jahren konnten die Liven als unterworfen angesehen werden und der deutsche König Philipp von Schwaben belehnte Albert wie einen Reichsfürsten mit Livland. Doch wollte der Orden sich nicht allzu sehr den Geboten Alberts wie auch denen des Papstes unterwerfen. Zu groß war sein Streben nach Autonomie. Zwar gestand ihm der Papst 1210 weitergehende Rechte zu, um die Situation innenpolitisch nicht zu verschärfen und damit den Orden äußerlich nicht allzu sehr zu schwächen. Doch wuchs die Rivalität zu Bischof Albert immer mehr. Als politisch unklug erwies sich dabei ein Bündnis mit Alberts Gegner, dem dänischen König Waldemar II. Spätere Streitigkeiten um den Besitz der Stadt Reval (Tallinn) zwischen den Dänen, die die Stadt 1219 gründeten, und dem Orden, der sie 1227 mit päpstlicher Duldung übernahm, brachten den Orden nun zwischen zwei Fronten. Doch auch die Feinde von außen waren nicht untätig: Ein litauisches Heer unter Fürst Mindaugas vernichtete die Ordensarmee 1236 bei Schaulen (Šiauliai). Die Litauer marschierten auf Riga zu. Eigentlich wäre Rigas Fall nicht aufzuhalten gewesen, hätte man nicht im Deutschen Orden, der seit wenigen Jahren das Pruzzenland eroberte, einen starken Bündnisgenossen gefunden: In der „Union von Viterbo" wurde der stark dezimierte Schwertbrüderorden 1237 mit dem Deutschen Orden in einer seltsamen Form vereinigt, die ein hohes Maß an Autonomie verlieh. Denn die preußischen und livländischen Ordenslande blieben sowohl territorial wie auch administrativ getrennt, nicht zuletzt deshalb, weil einige Teile des Ordensstaates direkt dem Dänenkönig unterstellt waren. Auch war die unterschiedliche Herkunft der Ordensritter von Bedeutung: Die Schwertbrüder stammten zu beträchtlichen Teilen aus Dänemark, die Deutschen Ritter hatten mittel- und westdeutsche Wurzeln. Ein sogenannter „Landmeister" war von nun an der Herr im livländischen Ordensstaat. Er war rechtlich dem jeweiligen Hochmeister des Deutschen Ordens unterstellt, der sich aber im Allgemeinen nicht um Livland kümmerte. Denn die Schwertbrüder hatten gegenüber den Litauern besondere Verträge beziehungsweise Nichtangriffspakte und verhielten sich insbesondere gegenüber Polen neutral. Daher gab es beispielsweise keine Teilnahme der Schwertbrüder an der Schlacht bei Tannenberg 1410, was dem livländischen Ordensland letztlich nur ein gering längeres Bestehen als seinem preußischen Bruderstaat sicherte.

Ein rotes Kreuz auf weißem Grund ist das Schildwappen des Schwertbrüderordens, die Deutschritter trugen ein schwarzes Wappen auf dem gleichen weißen Grund.

Ein Schwert und ein Tatzenkreuz kennzeichnen das Emblem der Schwertbrüder, die davon ihren Namen führten.

Ganz links:
Voller rätselhafter heraldischer Symbole ist das Wappen über dem Burgtor von Segewold.

Über die Kampfausrüstung der Ordensritter im 14. und 15. Jahrhundert geben die Exponate des Allensteiner Burgmuseums erschöpfend Auskunft.

Seite 106/107:
Vom Bergfried der Burg Treiden (lettisch Turaida) schweift der Blick weit in die herrliche Landschaft des Gaujatals hinein. Kaum verwunderlich, dass diese Burg, wenngleich nicht original erhalten, eines der beliebtesten Ausflugsziele der Rigaer ist. Hier findet im Burghof ein Bogenschieß-Wettbewerb statt.

Rechts:
Die Burg Wenden (lettisch Cēsis) war für den livländischen Ordensstaat das, was die Marienburg für das preußische Ordensland war. Seit 1237 war Wenden der Sitz des Landmeisters, wie man in Livland den Hochmeister nannte. Als 1272 ein verwundeter König der alten Letten auf der weißen Fahne, mit der er vor der Burg um Frieden bat, zusammenbrach, färbte sie sich rot von Blut, doch wo der König lag, blieb sie weiß. Von daher rühren der Legende nach die lettischen rot-weiß-roten Nationalfarben. Wenden war Hansestadt und besaß ein eigenes Münzrecht.

Rechts und rechte Seite:
1577 verwüsteten die Truppen Iwans des Schrecklichen Livland, mehrere Stadtbrände verwüsteten Stadt und Burg Wenden, 1703 zerstörte Peter der Große die Burg abermals. Seit dieser Zeit liegt sie als Ruine, ist gesichert und beherbergt ein Museum zur Geschichte der Stadt und des Ordensstaates.

Seite 110/111:
Zwei Epochen stehen sich in ihren Bauwerken in Ludsen (Ludza) in Ostlettland gegenüber: Das Mittelalter mit der Ordensburg von 1399, einer der schönsten Ruinen in Livland und die russische Zeit nach 1700 bis 1919 mit der orthodoxen Kirche.

Die estnische Hauptstadt Tallinn, die ihre deutschen Bewohner Reval nannten, hat ihren Namen von einer 1219 gegründeten Burg des Dänenkönigs Waldemar II., die estnisch „taani linn“ genannt wurde. Nach 1346 übernahm der Deutsche Orden die Burg, nachdem ihm die Dänen ihre estnischen Eroberungen verkauft hatten, und baute sie nach seinen Gesetzmäßigkeiten um. Aus dem alten Konventshaus entstand nach 1919 das Parlamentsgebäude der Regierung des neuen estnischen Staats, in das ein ebenfalls aus der Ordensburg hervorgegangenes Barockpalais des 18. Jahrhunderts mit einbezogen wurde. Der „Lange Hermann“, ein Turm aus der Ordenszeit blieb erhalten.

Eines der großartigsten Stadtbilder einer mittelalterlichen deutschen Kaufmannsstadt ist glücklicherweise bis heute unzerstört. Nicht von ungefähr wurde Tallinns Altstadt zum UNESCO-Welterbe erklärt. Rechts der schmale Turm des Rathauses, links die St.-Olaus-Kirche mit ihrem gewaltigen, 124 Meter hohen Turm.

Rechte Seite:
Große Teile der Stadtmauer Tallinns sind noch vorhanden: von einst 2,8 Kilometer Umfang sind 1,8 Kilometer erhalten, von ehemals 66 Stadt- und Wachtürmen stehen noch 28, im Hintergrund die Olauskirche mit ihrem einst 158 Meter hohen Turm, im 16. Jahrhundert der höchste Kirchturm Europas.

Seite 114/115:
Ein imposantes Bild der Ordenszeit gibt die Bischofsburg Arensburg (Kuressaare) auf der Insel Ösel (estnisch Saaremaa) wieder. Sie ist die einzige Burg des Baltikums, die fast ohne Veränderungen aus jüngeren Epochen erhalten ist. Der beeindruckende quadratische Komplex mit seinen 43 Metern Seitenlänge ist wahrscheinlich schon um 1270 erbaut und zu einer gewaltigen Festung, die mit einem Wassergraben umgeben war, erweitert worden. Die Wehrtürme entstanden erst gegen 1470 und tragen markante Namen: Langer Hermann und Sturvolt (unbeugsamer Wille).

In der Arensburg ist in den Remtern der livländischen Bischöfe ein bedeutendes Museum zur Geschichte der Insel Saaremaa-Ösel eingerichet.

Der Kreuzgang der Bischofsburg Arensburg (Kuressaare) atmet den Geist vergangener Jahrhunderte.

Sechseckige niedrige Pfeiler stützen das mächtige Kreuzgewölbe des Speisesaals (Refektorium) der Bischofsburg von Arensburg (Kuressaare).

Im Burgmuseum von Arensburg ist nicht nur die Ordenszeit sehr ansprechend dargestellt.

Wesenberg (Rakvere) wurde 1252 gegründet. Zunächst war es eine Burg der Dänen, die ähnlich wie die von Tallinn hundert Jahre später vom Deutschen Orden übernommen wurde. Doch wie so viele livländisch-baltische Burgen wurde sie oft zerstört und ist nun seit dem Ende der livländischen Kriege Ende des 16. Jahrhunderts Ruine, beherrscht aber immer noch wie unbesiegbar die Stadt und ihre Umgebung. Die Bevölkerung von Wesenberg bestand bis ins zwanzigste Jahrhundert zu einem Drittel aus Deutschen.

In Viljandi (deutsch Fellin), der mit 20 000 Bewohnern sechstgrößten Stadt Estlands, stehen die Ruinen einer der einst mächtigsten Burgen Livlands, mit deren Bau 1224 begonnen wurde. In den Nordischen Kriegen wurde die Burg gänzlich zerstört. Gerühmt wurde einst die Schönheit ihrer Architektur, insbesondere das prunkvolle Konventshaus. Die gesamte Anlage fügte sich harmonisch in die Natur, gesichert war sie nach Osten durch ein tiefes Tal, nach den anderen Richtungen durch doppelte Wallgräben und im Norden durch zwei Vorburgen, die durch Hebebrücken verbunden waren.

Die Burgruine Lais (estnisch Laiuse) in Ost-Estland ist in ihrer erratisch-archaischen Monumentalität von einzigartiger Ausdruckskraft.

Die Ruinen der Bischofsburg Neuhausen (Vastseliina) liegen unweit der Grenzen zu Lettland und Russland im Südosten Estlands. Nur einige Mauerreste und der Turm bestehen noch von dieser nach 1342 errichteten Burg, die als Grenzburg gegen Russland erbaut war und in den Nordischen Kriegen vollends zerstört wurde. Bemerkenswert ist das Mauerwerk der Burg, das in einer besonderen Technik und Mischung aus Ziegeln, Feld- und Kalksteinen errichtet ist.

Das Ende des livländischen Ordensstaates

Mitte:
Eine stille, sanfte Ruhe liegt über den Ebenen Livlands. Verhallt ist das Kampfgeschrei von Ordensrittern, Russen, Polen, Schweden…

Nach der Schlacht bei Tannenberg konnte sich der Orden in Livland, anders als im Ordensland Preußen, als Landesherr behaupten. Seine Neutralität gegenüber Polen war dabei der Hauptgrund. Landmeister Wolter von Plettenberg (1450–1535), sicherlich der bedeutendste der livländischen Meister, gelang der Ausgleich der Interessen des Ordens mit dem der Nachbarstaaten. Das Ende des Deutschordensstaates in Preußen 1525 berührte so die Existenz des livländischen nicht. Obwohl Plettenberg selbst katholisch war, ließ er der Reformation in seinem Land freien Lauf.

Es trat ein ganz neuer Gegner auf. Der russische Zar Iwan der Schreckliche (1530–1584) fiel 1557 nach Livland ein. Landmeister Johann Wilhelm von Fürstenberg (1500–1568) hatte daher vorsorglich einen Beistandspakt mit Polen geschlossen, doch blieb Polen untätig und Iwan IV. konnte den Osten des Landes dauerhaft besetzen. Aus Westfalen eilte Gotthard von Kettler (1517–1587) nach Livland. Als „Koadjutor" sollte er dem Landmeister zur Seite stehen. Kettler sah in einer stärkeren Anbindung an Polen, das er als ungefährlichere Deckung betrachtete, die einzige Möglichkeit, das Land zu retten und brachte dadurch aber Fürstenberg gegen sich auf. Kettler überließ Polen 1559 einen zentralen Landesteil Livlands, um endlich auf dessen Unterstützung bauen zu können. Diese blieb aus und Wilhelm von Fürstenberg legte sein Amt nieder.

Rechts:
Fast schon asiatische Weite atmet die weite Landschaft Lettgallens, des östlichen Teils Lettlands, wie hier im Seengebiet von Ludza.

Auflösung des Staates

Doch hatte der neue Landesmeister Kettler ebenfalls kein Glück. Die russischen Truppen verheerten das Land. Bei der Belagerung der Festung Fellin (heute Viljandi in Estland) 1560 geriet Fürstenberg in russische Gefangenschaft, in der er 1568 starb. Wieder waren es wie bei der Belagerung der Marienburg verräterische Söldner, durch die die Festung fiel. Jetzt befand sich das Ordensland in Auflösung. Polen wurde erst aktiv, nachdem die estnische Ritterschaft die Schweden um Hilfe bat und sich unter deren Schutz stellte. Polen wollte das Ordensland selbst übernehmen. Gotthard Kettler unterwarf sich mit seinem Rumpfstaat in auswegloser Situation der Hoheit Polens und übergab das Teilgebiet Kurland (der Westen des Gebiets) an die polnische Krone. Am 5. März 1562 legte Kettler dann sein Amt nieder. Genauso wie 1525 im Preußenland erhielt nun ein Landmeister ein ehemaliges Ordensland beziehungsweise einen Teil davon als weltliches Herzogtum vom Polenkönig zum Lehen. Der zentrale Teil Livlands wurde dagegen direkt an den polnisch-litauischen Staat angegliedert. Doch gingen die Kämpfe weiter. Iwan, um seinen Landgewinn betrogen, belagerte 1577 Wenden (Cēsis), den Sitz des Landmeisters. Die dreihundert Verteidiger der Burg sprengten diese in die Luft und fanden selbst den Tod. Iwan zog sich zurück. Doch jahrhundertelang währte der Kampf um das Ordensland noch an: 1629 wurde das Gebiet schwedisch (nur der Raum Dünaburg, heute Daugavpils, blieb polnisch). 1721 wurden Estland, Kurland und Zentral-Livland russisch und blieben es bis 1919. Nach dem Ersten Weltkrieg entstanden auf dem Boden des einstigen livländischen Ordensstaates die Länder Lettland und Estland, wurden jedoch schon 1940 von der Sowjetunion okkupiert und wieder zum russischen Einflussgebiet. 1991 wurden sie endlich souverän.

Links:
Kanonen vor der Ordensburg Gollub (polnisch Golub) im Kulmer Land erinnern an die polnisch-schwedischen Kämpfe des 17. Jahrhunderts in dieser Region.

Unten:
An der alten Burg von Wesenberg (estnisch Rakvere) steht die monumentale Gestalt eines Stiers, manchmal auch als Auerochs bezeichnet, die größte Tierplastik in den Ostseeländern. Im Wappen von Rakvere erscheint ebenfalls ein Stier und die vor der Ordenszeit hier bestehende estnische Burg Tarvanpea trägt das estnische Wort für Auerochse beziehungsweise Wisent (tarvan) auch im Namen. Der estnische Künstler Tauno Kangro schuf sie anlässlich des 700-jährigen Jubiläums der Verleihung der Stadtrechte 2002.

Die Tolsburg (estnisch Toolse), etwa 80 Kilometer östlich von Tallinn, liegt unmittelbar an der Ostsee und ist auch als Ruine eine der beeindruckendsten Ordensburgen. Hier befand sich einst ein äußerst bedeutender Hafen. Die Burg entstand um 1470, also schon in der Spätphase des Ordenslandes. Viele Legenden ranken sich um sie. In ihren Kellern soll ein gewaltiger Wurm einen Seeräuberschatz bewachen. Doch in acht nehmen muss man sich auch vor einer Jungfrau, die entführt wurde und in den Burgkellern verstarb. Wer ihren Warngesang missachtet und sich der Burg zu sehr nähert, wird von ihrem Geist gepackt und in die Tiefen der Ostsee gezogen.

Die Bischofsburg Leal (estnisch Lihula) liegt ganz im Westen Estlands. Die schweren Kämpfe in Livland mit Russen, Schweden und Polen im 16., 17. und 18. Jahrhundert zerstörten auch diese Burg, in der von 1234 bis 1251 die Bischöfe von Ösel residierten; später wurde sie zur Kommende.

Nahe der lettischen Grenze liegt südlich von Viljandi die Ordensburg Karkus (estnisch Karksi). Sie ist auf den Resten einer altestnischen Festung im 14. Jahrhundert errichtet worden und seit den Nordischen Kriegen Ruine. Die Wallanlagen stammen noch aus jener Epoche vor der Ordenszeit.

In Weißenstein (estnisch Paide) in Mittelestland gab der weiße Kalkstein, der hier für fast alle Bauten verwendet wurde, dem Ort den Namen. Denn die Burg, die hier die Dänen im 13. Jahrhundert erbauten, hieß „paekivi", was soviel wie „weißer Stein" bedeutet. Auch diese Dänenburg übernahm der Orden im 14. Jahrhundert. Die Jahrhunderte ließen von der Burg nur den „Langen Hermann", den 30 Meter hohen, achteckigen Turm stehen.

Hoch über dem Fluss Narva errichteten die Dänen um 1250 die Burg Narva, später auch Hermannsfeste genannt (in Gedenken an den Ordenshochmeister Hermann von Salza) als Grenzburg gegen Russland. 1345 erwarb sie der Deutsche Orden, dessen östlichster Vorposten sie war. In der Schwedenzeit (in diesem Landesteil von 1558–1704) ist sie als eine der stärksten Festungen Europas ausgebaut worden. Danach übernahmen sie die Russen. Doch schon seit der Ordenszeit bestand unmittelbar über dem anderen Flussufer die Feste Iwangorod, die Anfang des 16. Jahrhunderts auf einer älteren Holzburg Zar Iwans III. entstand. Wer einmal vor der Hermannsfeste stand und die nahe Festung Iwangorod zusammen in ihrer überwältigenden Monumentalität hat auf sich wirken lassen, wird das Bewusstsein um die Geschichte und die Lande des Deutschen Ritterordens nie mehr aus seinem Inneren verdrängen können.

Finnischer Meerbusen
Stockholm
SCHWEDEN
Reval
Talsburg
Narva
Wesenberg
Fege-
feuer
Taps
Kegel
Borkholm
Padis
ESTLAND
Worms
Dagö
Hapsal
Lode
Weißenstein
Lais
Peipus-
See
RUSSLAND
Moon
Fickel
Leal
Oberpahlen
Werder
ESTLAND
Talkhof
Peude
Falkenau
Ösel
Kawelecht
Dorpat
Pernau
Fellin
Randen
Haselau
Wirzsee
Kongota
Arensburg
Tarwast
Kirrumpäh
Pleskauer
See
Pernauer
Bucht
Karkus
Ringen
Odenpäh
Helmet
SCHWEDEN
E
Rujen
Ermes
Salisburg
Luhde
Salis
Burtneck
Schönangern
Gotland
E
LIVLAND
Mojahn
Trikaten
Adsel
Angermünde
Don-
dangen
Rigaer
Bucht
Lemsal
Wolmar
Marienburg
Hochrosen
Smilten
Windau
Wenden
Ronneburg
Marien-
hausen
Erwahlen
Roop
Arrasch
Schwane-
burg
Treyden
Serben
Pilten
Talsen
Kremon
Segewold
Tirsen
LETT-
S
Neuermühlen
Nabben
Düna-
Nitau
Schujen
GALLEN
Edwahlen
Zabeln
Kandau
Seßwegen
münde
Lemburg
Pebalg
Goldingen
Riga
Lubahn
Birsen
Dahlen
Sunzel
Erlaa
Tuckum
Bersohn
Sacken
Hasen-
poth
KURLAND
Kirchholm
Neuen-
burg
Üxküll
Lenne-
warden
Mahrzen
Laudohn
Öland
Koken-
husen
Neuhausen
T
Zirau
Asche-
raden
Kalzenau
Rositen
Ludsen
Mitau
Frauen-
burg
Durben
Schrunden
Kreuzburg
Altona
Dobten
Selburg
Libau
Grobin
Amboten
Mesathen
Bauske
LETTLAND
Wolkenburg
S
SEMGALLEN
Düna
O
Schaulen
Dünaburg
SCHAMAITEN
Memel
Ponewiesch
Kurische
Nehrung
LITAUEN
Kurisches
Haff
Rossitten
Splitter
RUSSLAND
Tilsit
Ragnit
Memel
Königsberg
Laptau
Schaaken
Kauen
Rudau
Labiau
Germau
Powunden
Laukischken
Fischhausen
Medenau
Tapiau
Saalau
Hela
Putzig
Lochstädt
Georgenburg
Wilna
Kapom
Waldau
Danziger
Bucht
Insterburg
Lauenburg
Branden-
burg
Taplacken
Stolp
Gdingen
Balga
Knau-
ten
Wohnsdorf
Gerdauen
Eisenberg
Zinten
Maladzyechna
Braunsberg
Pr. Eylau
Norden-
burg
Mischau
Lands-
berg
Danzig
Mehlsack
Beisleiden
Dombrowken
Bütow
Sobbowitz
Herrngrebin
Leunenburg
Barten
Elbing
Wormditt
Heils-
berg
Angerburg
Dirschau
Lamgarben
Rössel
Rastenburg
Marienburg
Pr. Holland
Seeburg
WEST-
PREUSSEN
Christburg
Mohrungen
Warten-
burg
Bäslack
Lötzen
Minsk
Stuhm
Lida
Mewe
Mortung
Pr. Mark
Locken
Bischofsburg
Eckers-
berg
Jaschimitz
Marien-
werder
Hirschberg
Lyck
Schlochau
Kerpen
Osterode
Allenstein
Grodno
Neuenburg
Roggen-
hausen
Schönberg
Hohen-
stein
Passenheim
Tuchel
Dt. Eylau
Johannisburg
Groddek
Graudenz
Löbau
Nadrau
Ortelsburg
Schwetz
Engelsburg
Gilgen-
burg
WEISSRUSSLAND
Althausen
Memel
Rehden
Kauernik
Neidenburg
OSTPREUSSEN
Bischöfl. Papau
Schönsee
Bromberg
Birglau
Strasburg
Soldau
Baranavichy
Gollub
Bialystok
Nessau
Thorn
POLEN
Leslau
Plock
Posen
Weichsel
Warschau
Lodsch

Sicherlich erinnern sich diese beiden alten Russinnen – in der estnischen Stadt Narva besteht die Bevölkerung zu 90 Prozent aus Russen – an die Kämpfe vor über 65 Jahren in der Stadt. Doch nun herrscht Frieden an diesem einst durch alle Jahrhunderte kampfumtobten Ort – durch die Zeiten, damals wie heute, eine sensible Nahtstelle zwischen dem gewaltigen Russland und Mitteleuropa.

Genehmigte Lizenzausgabe für
Verlagsgruppe Weltbild GmbH,
Steinerne Furt, 86167 Augsburg

Buchgestaltung:
www.hoyerdesign.de
Karte:
Fischer Kartografie, Aichach

Umschlaggestaltung:
atelier seidel, teising
Umschlagmotiv:
© istockphoto / Stanislav Bokach
Gesamtherstellung:
Firmengruppe APPL, aprinta druck, Wemding

Printed in the EU
978-3-8289-4510-4

2014 2013 2012 2011
Die letzte Jahreszahl gibt die aktuelle Lizenzausgabe an.